森信三の生き方信條

寺田一清
TERADA ISSEI

致知出版社

まえがき

先日、致知出版社本社にて、郷学研修所・安岡正篤記念館副理事長兼所長の荒井桂《かつら》先生と私《わたくし》が「対談」の機を得て、それぞれの師について語ることができました。

その際、先師森信三先生の「折々の記」をまとめたい要望をお伝えいたしましたところ、当日の司会進行役をお務めくださった、藤尾秀昭社長のご快諾をさっそく得ました。

これはまたとない好機と思い、その翌日より執筆に着手し、数々のテーマについて書き連ねることができました。

これは、「対談」の幸せとともに二重の喜びと痛感いたしております。もとよりその才に乏しく稚拙《ちせつ》な文章ですが、今生《こんじょう》において、奇しきご縁を賜《たまわ》り二十七年間お仕えした数々の思い出をここに綴《つづ》らせていただいた道縁は格別なものがあります。
先生が逝去《せいきょ》なされて今年（平成二十四年）は没後二十年にあたります。いま生身の師に接することのかなわぬ方々のあることを思い、師の尊影にも接することを得た僥倖《ぎょうこう》を思うにつけ、不肖《ふしょう》の至らぬ思い出の数々を書き残すことも、責務の一端と考えるわけであります。

かえりみますと、小学校時代の恩師露口忠春先生のお導きで昭和四十年二月、初めて拝顔の栄に浴し、面授の機会を得ました。先生は七十歳、私は三十八歳でございました。わが生涯の師と決定《けつじょう》させていただくのに五分を要せぬことでした。

それから幾たびとなくもろもろの戒語をいただきましたが、一度も師のもとを離れようと思ったことはございませんでした。
それほど愚かな私でありますのに、ある折、先生から、「あなたとのご縁は露口先生によって結ばれたが、思えば宿世の縁によるものですね」とまで仰言《おっしゃ》っていただき、恐懼《きょうく》いたしました。
願わくば本書はもとより、あわせて、『森信三小伝』（致知出版社刊）もご一読賜ればと思います。

平成二十四年一月

寺田　一清

森信三の生き方信條＊目次

第三章　人間参究

第四章　道と実践

第五章　教育実践

第六章　美と静観

第七章　日常生活

第八章　二十一世紀の祈念

装幀――フロッグキングスタジオ
編集協力――柏 木 孝 之

第一章

大宇宙生命

遺墨「賜生」

先生逝去後、書棚の引き出しから、和紙に揮毫《きごう》された「賜生《しせい》」なる遺筆《いひつ》が三十数枚、発見されました。ご生前、「賜生」なる一語に接したことは一度もなく、著述にもかつて見出しえなかっただけに、まずは奇異なる感を抱きましたが、しだいに味わえば、要にして妙なる真実語としてますます心ひかれました。

かねてより天皇賜杯《しはい》を通して、賜杯という語に接していましたが、「賜生」という一語はまこと初発見で、先生独自の造語ではないかと思われます。申すまでもなく、「賜りたる、み生命《いのち》」そのものを表現する一語として、まこと簡にして要を得たものは、他に見当たらぬのではないかと思うほどです。

いま、シセイという語にあたる漢語を思うとき、まず「四聖」「至誠」「詩聖」「資生」そして「姿勢」であり、「死生」が浮かびます。『論語』にある「死生命《めい》あり」という一語も思い出されますが、思えば人間の生は、賜生であり、死生でありあります。賜りたる生であり、死すべき生という意味において、限られた有限的生であります。

森先生は十三歳のとき、養父に連れられて、祖父端山《はしやま》忠左衛門翁のもとへ新年のごあいさつに参上した際、祖父より「天地始終無ク、人生生死有リ」という頼《らい》山陽《さんよう》の詩を示されました。そして、「天地大自然にははじめもなく、終わりもなく、悠遠不滅のものだが、人生には生あれば必ず死あり、有限そのものだぞ」と教えられました。

森先生の根本信条の「人生二度なし」は、ここに端を発していると思われます。さすれば「賜生」とは、人生は自分が選んで求めた生でなく、賜りたるみ生命であり、限られた生命であることの自覚を端的に促してくださる一語であると思わざるを得ません。賜生即死生、死生即賜生、まことありがたきかなです。

いのちの自証

　森先生はよく、「いのちの所照《しょしょう》」と仰せになり、また「いのちの自証」とも、またまた「いのちの呼応」とも仰せになりました。ともかく先生のご生涯における探究というか究明は、大宇宙的生命の参学と申さざるを得ません。

　そもそも先生の処女作とも言うべき哲学の著述は『恩の形而上学《けいじじょうがく》』と題するもので、四十代前半の作。それに反し、ご一代最後の哲学的著作の最終篇は『創造の形而上学』です。

　そして前者の中心テーマは「いのちの所照」であり、後者の主たるものは「いのちの自証」と称せられるものです。しかし、「いのちの所照」を他力的内観とし、「いのちの自証」を自力的自内証と容易に割り切るならば、先生から一大鉄槌《てっつい》が下されるであろうと思われてなりません。

　さて、「いのちの自証」とは何かということですが、先生の言葉をお借りすれば、「わが身に授かったいのちそのものを承受して、その無限の味わいを心ゆくまでよく嚙《か》みしめ味わうこと」にほかなりません。

なぜ『創造の形而上学』と名付けられたかということですが、「創造」の一語にこもる深趣《しんしゅ》に思い至らねばならぬと思います。すなわちこの一書を通して世界創造の秘奥《ひおう》の一端に触れようとなされたのであります。

『創造の形而上学』と言えば、軽々しく独創とか創作の心理でも扱うものかと考えやすいものですが、決してそうではなく、世界創造という神の大愛業に対し、微々たる探究と、使命の自覚と実現に貢献寄与するの意を蔵するものであります。

本稿はやや理に傾いたキライがございますが、多少なりとも自らの疑問について自らに問い、自ら答えさせていただいたつもりです。

申すまでもなく、先生の貴著に一歩肉薄したのはもちろんのことで、先生の哲学は学問・倫理・宗教の一体境《いったいきょう》を感じるばかりです。

「金毛録」

「金毛録」は、『二宮尊徳全集』の第一巻原理篇にある語録集です。天地・宇宙・人生の輪廻《りんね》・循環・因果について、哲人尊徳翁の思索《しさく》のあとが窺《うかが》えるものです。

そこにある言葉の中で、森先生が左記の語録を特に取り上げておられます。これにより、多少なりとも尊徳翁の言わんとされることを窺い知ることができます。

○忠勤を尽くして、その弊を知らざれば、忠信に至らず。
○忠勤を尽くして、至善と思わば、忠にあらず。
○忠勤を尽くして、道理と思わば、可なり。
○忠勤を尽くして、報徳と思わば、忠に至る。

これらの言葉をあげ、森先生は「さすがに尊徳先生は哲人ですね。この一語によってそれは歴然たるものがある」と仰言いました。

これらは要するに、忠勤と忠信の違いを述べているのです。忠勤とは、精いっぱい持てる全力量を発揮する様子です。忠勤を尽くすことが最高善だと思うところに忠信には及びがたいものがある。忠勤を尽くすことは報恩報徳だと思うところに、忠信という最高至善に到達しうるのであるということです。なかなかそういう境地には至りえないものです。

また、尊徳先生にはこうした一語もあります。

「元来我身我心、天地のものにして我ものにあらず、我身と我心、我ものならざる事をしり侍《はべ》らば人として不足なし不自由なし。心の欲する所に証受せざる事なし」

この身この五体は、神天《しんてん》からの借り物なるを知るべしとの仰せです。

ああ、これまた哲人尊徳先生の真骨頂と言える言葉と思われます。

『奥邃広録』

森先生は、広島高師に在学中のとき、山川丙三郎《へいざぶろう》の名訳、ダンテの『神曲』巻頭に掲げられた序文――それは五ページ足らずの短文で、語録風のものに過ぎませんでしたが――に強く魅了されました。これによって「日本にも一人の隠者がいる。そしてその名を新井奥邃《おうすい》という」と深い感銘を与えられたとのことです。

そのうち、最も深い感銘を受けられた一語は左に掲げるものです。

「隠路《いんろ》あり。照々《しょうしょう》の天に宏遠《こうえん》の道より開く。基督《キリスト》の微妙の戸なり。一息閉じて衆星隕越《しゅうせいいんえつ》を致さん。生命の機は一息に在り。――意なり」

この一言に、森信三先生はいたく魅了されたのです。

以後、森先生は多年にわたり隠者新井奥邃なるお方を求め続けられました。かくして京都大学大学院生のとき、かねて知り合いの福田武雄氏宅を訪れた際、その書棚に『奥邃広録』五冊を見出し、随喜《ずいき》され、その一冊を手にすれば、まさに幽玄《ゆうげん》にして深奥なる書と直感されました。

そのときすでに奥邃先生は世におられず、その現身に接することはできませんでしたが、奥邃先生の遺著を手にしえただけで無上の幸慶《こうけい》とされました。

以下、奥邃先生の人と生涯（一八四六〜一九二二）について概要を抄記します。

先生、名は常之進、弘化《こうか》三年仙台城下に生まれる。幼にして俊秀《しゅんしゅう》、藩学に学び、江戸遊学を命ぜられる。

大政奉還後、官軍東北討伐の際、危地を脱して五稜郭《ごりょうかく》に立てこもる。のち、逃れて千葉県下に隠れ、やがて在京の友人金森氏の推挙によって、森有礼《ありのり》より第一回の渡米留学生に選ばれて米国に渡る。

先生一人聖哲ハリスの農園に入り、道を修めること三十有余年。五十四歳、飄《ひょう》然《ぜん》として帰国。どの教会にも属せず、『聖書』も講ぜず、ただ「信感」の千言万語こそ聖書の生ける注釈であり、日常生活こそ生きた教説とする。終生めとらず、巣鴨の謙和舎にて青年二十余名と起居をともにされる。

神息の一呼一吸

先に森先生が最も感銘を受けられたと申しましたのは、新井奥邃先生の『聖言』にある言葉です。すなわち、「隠路あり、照々の天に宏遠の道より開く。基督の微妙の戸なり。一息開けて億兆相抱くべし。一息閉じて衆星隕越を致さん。生命の機は一息に在り。――意なり」と。

この語を私は初版の『聖言』に取り上げておりましたが、奥邃先生の語録三百六十五の中の一つとして編集しておりましたところ、先生から「この一語は、他の語録と同列にすべきものではありません。最後に持ってくるべき性質のものです」とご注意を受けました。

それで重版のとき、仰せに従い、最後に囲みを入れて掲載いたしました。当時、私自身、充分な認識と洞察に至っておりませんでしたが、それから現在まで十五年の歳月が経過し、やっと森先生のご指摘について、多少とも微光の立ち染めるのを感じ入るしだいです。

基督の微妙なる戸とは、天の岩戸であり大愛の戸です。この戸が密閉されたら、全世界が暗黒の世に沈淪《ちんりん》せざるを得ないのです。ゆえに、主基督の慈愛の神息の一呼一吸こそ生命復活の最根源であることに思いをいたさねばならぬわけです。

「主は門なり、戸なり、又牧者たると同時に牧艸《ぼくそう》（牧草のこと）なり。誠に之が食となり、又飲となる。主は生命なり。復活なり。光明の実体なり。但、程度に程度あり。微妙を貫いて無限に変変す」

「当に我を破りて無我を開くべきなり。其道是れ何ぞ、上息なり、聖息なり。有神無我の息。謙虚以て基督に事ふるなり。把持《はじ》の道なり。充実の務めなり」

こうしたふうに神韻《しんいん》縹渺《ひょうびょう》たる聖言が続きますが、解釈しようとすること自体、誤りなるを覚えます。

三間・三原則

森信三先生の教えの中で、「しつけの三原則」に次いで最も職場や学校で活用されているのは「現場再建の三原則」と呼ばれるものです。すなわち、

一、時を守り（時間）
二、場を浄《きよ》め（空間）
三、礼を正す（人間《じんかん》）

というものです。

私はこれを「守・浄・正の三原則」とも言い、また「三間・三原則」とも称しております。というのは、時間・空間・人間に関する三大原則だからです。人が生きるには、この三原則の一条件も欠くことはできないのです。文字数にしてた

った十二文字ながら、含蓄する真理の内容はまことに甚深《じんしん》なものがあります。
先年、沖縄全土精神医学界から招かれ、会場へ向かう途中、沖縄随一の進学校である那覇高等学校の前を通過したところ、校舎屋上より掛けられている大きな垂れ幕が目に留まりました。

「時を守り　場を清め　礼を正す　――これ森信三先生の真言なり――」

とあるではありませんか。驚きました。

沖縄へ出発する日の朝、久方ぶりに先生の夢を見ました。先生は「日本の再建はなはから」と力説されました。最初、「なは」を「なら」と聞き取り奇怪に感じましたが、奈良でなく那覇だったのです。先生の先見力の鋭さを感じる夢中一隻語でした。

　それはともかくとして、足元の現場再建の方途《ほうと》は、時間・空間・人間関係にあることを自覚し、われわれとしては足場から固めてゆくよりほかなき状態であります。

眼力と肚

森信三先生から、いつ、どこでお聞きしたのかまったく定かではありませんが、印象深く忘れがたいのは「男は、眼力と肚《はら》」という寸言です。いずれにも欠ける私ですゆえ、とりわけことごとに思い出されるわけです。

久しぶりに、森信三先生の「書翰集《しょかんしゅう》」を繙《ひもと》き読んでおりました際、目が釘づけになるほどの衝撃を覚えました。それは豊橋市在住の川澄政照氏あての書面です。川澄氏のことは森先生から逐一《ちくいち》お聞きしておりましたが、改めて精読するに及んで、森信三先生の惚《ほ》れ込み方の尋常ではないのを痛感いたしました。

その一部を転記します。

「なるほど杉田（有窓子）さんから、あなたは東西日本の間にあって独自のお立場を堅持していられるまことに奇特なお偉い方とは伺っていましたが、しかし一度も個人的にお目にかかる機会もなく、ただの小集の折に中途にちょっとお出ましになり、その上にまもなく中座お帰りになられ、その間一語も交わしたのでもないのに、どうしてもお見送りもせずにはいられなくて、一面からは、はしたない事などと思いつつも、いわば〝男の一目惚れ〟とでも申しますか、どうしてもお見送りせずにはいられなかったのでした」

　このお手紙の主は、まもなく組関係の人間の凶弾《きょうだん》で亡くなられました。私はそのお方とはまったく面識はございませんが、先生の明眼《みょうげん》に映じた相当な一人物であったのには相違ございません。それはあとに続く先生のお手紙等からも窺えます。いわく、

「先にも申すように永い私の生涯にもないばかりか、今後といえどもおそらくはあるまいと思います。しかしながら私は、この二度とない人生の最晩年にあたって、このような世にも珍しい道縁を恵まれたことを深く神天に感謝せずにはいられません」（昭和五八・一一・一〇付）と。

不惑・知命・耳順

孔子さんは、年齢順に一語をもって目標を垂示《すいじ》くださっています。これは、ありがたさの極みであります。

すなわち「吾レ十有五ニシテ学に志シ、三十ニシテ立チ、四十にシテ惑ワズ、五十ニシテ天命ヲ知リ、六十ニシテ耳順《したが》イ、七十ニシテ心ノ欲スル所ニ従ツテ矩《のり》ヲ踰《こ》エズ」とあります。

さて、その不惑・知命・耳順についての森先生の解し方が、一般的な解釈よりも、一段と深いものがあるのを感じてやみません。以下にご紹介いたしましょう。

○「四十にして惑わず」の不惑とは、これを裏返せば、四十になって初めて迷っている自分が分かりました――ということだとも言えましょう。

○「五十にして天命を知る」とは、自己に与えられている現条件に対して不満に思わず、一応それらのすべてを受容しうるような態度になれた――ということでしょうか。すなわち迷いから一応悟りに達したとも言えましょう。しかし知という文字にはまだ問題があるとも言えましょうね。すなわちまだ知の段階であるということです。

○次に「六十にして耳順う」とは、それぞれの人がそれぞれの立場で、ものを言っているということが分かり、人の言うことに対して、軽々しく反発《はんぱつ》せずに聞けるようになったということでしょうか。つまり六十にしてようやく「真理の肉体化」が始まったということでしょう。――

なるほど、さすがに真実を洞察された深い解釈だと畏《おそ》れ入りました。六十にして初めて真理の肉体化が始まったということに頭が下がりました。

わたくしもいますでに六十、七十を越えて八十路《やそじ》の坂を上りつつありますが、「知の段階」から「真理の肉体化」すなわちどれだけ真理が身についていると言えるでありましょうか。まことにお恥ずかしいしだいです。

死後三十年

先生は「私の書いたものが死後三十年たってお読みいただくなれば、これ以上のことはございません」とよく仰言いました。

平成二十三年は、没後数え二十年にあたる年ですが、『修身教授録』を筆頭に『家庭教育の心得21』や『森信三小伝』、それに続いて『人生論としての読書論』等、しだいに森信三先生の著述、単行本の復刊が続けられ、書店にも並べられるようになりました。これはとりわけ致知出版社のご厚配によるものですが、『修身教授録』においては三十五版を重ねるに至っております。

先生の死後三十年という悲願も、必ずや達成されることは間違いないどころか、もっと広く『全集』より単行本として刊行されることが予想されます。いまも私がぜひと思いますのは、『理想の小学校教師像』と『倫理的世界』であり、かつ『日本文化論』であります。

その点では、森信三先生の『全集』二十五巻ならびに『続全集』八巻は、隠れた至宝の山と言ってもいいのではなかろうかと思うわけです。

さて先生が逝去されたのは平成四年、西暦一九九二年でしたから、死後三十年と言えば、西暦二〇二二年に相当します。先生は「二〇二五年は日本民族にとって節目の年で、やっと上昇期に入る」と仰言いました。そのための民族の再生・基盤形成に貢献すべきは、森信三先生の示される思想と実践の原理原則ではなかろうかと思います。

いま日本の現況を見るに、政治・経済・外交面においてここしばらく苦難の時代が予想されます。加えて二〇一一年三月十一日の東日本大震災による地震・津波災害ならびに、原発事故発生の大苦難は、まさに天の警告とも天の導きとも察せられるものがあります。

一大転換期に遭遇いたしましたこの機に、いよいよ日本民族の持つ美質を発揮すべきときぞ来るの感がいたします。

第二章

真理と学問

西先生と西田先生

森信三先生は、西晋一郎先生の二十周忌にあたり、広島大学において西先生と西田幾多郎先生という二人の師について語る機会を得ておられます。そこで先生は、二人の師の共通点と相違点について語り尽くされています。

まず共通点ですが、第一にその生没年であります。西田幾多郎先生は明治三年のお生まれであり、西先生は明治六年のお生まれで、西先生が亡くなられたのは昭和十八年の秋であり、西田先生は敗戦直前の昭和二十年六月であります。

またお二人の処女作を見比べますと、西田先生の『善の研究』は四十二歳の作であり、西先生の『倫理哲学講話』は四十三歳の作であります。

さらにお二人の思想家は恩師を等しくしておられます。北条時敬《ときゆき》先生でありま す。西先生は山口高校の生徒時代に北条先生から教えを受け、西田先生は四高時代に教えを受けております。それればかりでなく、民族を代表するこの二人の哲学者は北条先生を「終生《しゅうせい》の師」として尊信《そんしん》しておられます。この北条先生のご専門は数学ですが、臨済禅《りんざいぜん》の経験が深く、両先生ともその感化影響を受けておられます。

さて、両先生はほぼ時代を同じくし、「東に西田あり、西に西あり」と言われるほどの、日本を代表する巨人哲学者であられました。西田先生は主として西洋哲学の色彩が濃く、西先生は東洋倫理学の色合い深く、森先生が縁あってこのお二人に学ばれたということはまったく奇跡というほかはなく、学問形成上における多大の恩恵であったと申し上げねばなりません。

森信三先生の記念講演をもとにしての粗雑な対比で申し訳ございませんが、森先生の比喩《ひゆ》的な人物論は忘れがたいものがあります。森先生は、「西田先生の巨大な生命力をいわば揚子江の旺洋《おうよう》たる流れとすれば、西先生は遠く揚子江の源流はるかさかのぼって、訪《と》う人もない山中の湖面に映ずる〝天辺の月影〟ともいうべき趣《おもむき》」と表現されましたが、まさに的を射たものでございました。

「察」の一道

先生は門下諸兄に、「成形《せいけい》の功徳《くどく》」として「自伝」の起稿をよくおすすめになり、また「実践記録」のまとめを勧誘なさいました。要するに、自らの行動を形あるものに結実させておくことの必要をことあるごとに力説されたのです。

そうした関係で自費出版に踏み切る人が多数おり、そのつど、森先生に序文を依頼する方が多かったため、『新全集』第七巻には「序文集」の章を設け、それらを収録いたしております。

序文が二篇以上にわたるときは、そのうちより一篇のみを選んで掲載しておりますので、全篇を数えるならば、およそ二百篇の序文をお書きになっておられます。それだけで、一巻の著述を示すほどの分量です。

そしていまそれらを再読すると、先生のその人および業績を洞察する深さ、透《とう》徹《てっ》さには驚嘆敬服を禁じえません。改めて「察」の一道を歩まれたお方として敬仰いたします。

賢察・明察・観察・照察・洞察と、察の熱語の示すとおり、察の大事さを痛感させられますが、森先生もまた「察」の人であられたことが、この「序文集」を繙きましても歴然としています。

かつて、松下幸之助さんに「経営の極秘を一語でお答えください」と質問なされた方がありまます。松下さんが「難しい質問ですね」としばし熟考して答えられたのは、「経営の極秘は人間洞察ですね」と。森信三先生も、学問も教育も経営の極秘を尋ねられたとすれば、「察の一道」とお答えになるでしょう。

とりわけ二百篇に及ぶ序文の中で、「三篇は自己を賭けて書いております」と先生は仰言っています。その一つは山頭火《さんとうか》の『草木塔《そうもくとう》』の序文であり、二つ目は『自選坂村真民詩集』であり、いま一つは福岡正信《まさのぶ》著の『無』に対するものです。これらは自己を賭けた洞察力の産物と言えるものでありましょう。

眼を閉じて

康起《こうき》ボサツの真言
「眼《まなこ》を閉じて
トッサに親の祈り心を
察知し得る者
これ天下第一等の人材なり
不尽」

株式会社登龍館《とうりゅうかん》の応接室に掲げられているこの書額は、森信三先生の直筆です。広島の三滝寺の参道に、自然石に刻んで碑として建立するために特に懇願し書毫いただいたものです。

徳永康起先生のご次男は成人式を迎え、同僚とともに祝賀の会を催したその夜に事故に遭い、帰らぬ人となりました。この詩文は、徳永先生がその悲痛な悲しみに耐えかねて自宅庭先の雑草をつまみ取っていたときに、天来の声として思い浮かべられた言葉であるとのことです。いかに剛毅《ごうき》な〝肥後もっこす〟の徳永先生でも、この予期せぬ悲しみには耐えがたいものがあったのでありましょう。

それから幾年かが経過して、七十七歳のとき森先生もご長男に先立たれる人生最大の悲しみに遭遇されました。そのときの感懐として仰言るには、「私は、あの当時の徳永君の悲しみに同情の念がいま一つ足りないものがあったのを、いま痛感し反省しています」と。

徳永先生の郷里球磨《くま》町にお連れいただいた際、「紘也ここに眠る」の碑を拝し、心打たれたことを思い起こします。

それにしても、「眼を閉じて……」の一句は「親に先立つ不孝を考えてみてほしい」との絶叫の声であることを、世の若人《わこうど》、若き善男善女にはどうか受けとめていただきたいものです。森先生の語に次の言葉が記《しる》されています。

「天下同悲の人の心を思う。石不言　花不語」と。

『娘巡礼記』

高群逸枝《たかむれいつえ》さんは、森先生が日本女性の中で最も尊敬してやまない方としてあげておられる方です。そのご主人の橋本憲三氏ともご懇意の仲であり、先生は高群さんの『火の国の女の日記』を何よりも愛読され、推奨されました。

その高群さんが二十四歳のとき、四国八十八カ所の歩き遍路《へんろ》に出かけられた際の紀行文が岩波文庫から発行されています。いまそれを拝読いたしまして、天才的微妙な感性の持ち主でいらっしゃることを痛感いたします。

わずか二十四歳で家を捨て、職を捨て、恋を捨て、ただ再生を目指して単身旅に出るとは――。しかも旅先から書き送られたその手記は、新聞に連載されて大評判を呼んだようです。

四国巡礼の旅日記の中に記されている自作短歌の数々を読みましても、すばらしい歌境にただただただひざまずく思いです。巡礼中に出会う数々の人――中には恐怖すら覚える人もおります――に対しても悲しみの心を失わず、慈眼視衆生《じげんししゅじょう》の観音さまの心を垣間見る思いがいたします。

高群さんはやがて橋本憲三氏と結ばれるのですが、前半期の結婚生活においては憲三氏の横暴ぶりにも耐え、やがて憲三氏の開眼によって態度は逆転します。そして、橋本氏は、高群さんの「女性史研究」のために後半生を捧げ尽す献身的生活に入られたわけです。

妻である高群逸枝なる天与の霊性に主君橋本憲三が発心することはなかなか容易ならぬことだけに、橋本憲三氏についても、森信三先生はその謙譲《けんじょう》無私の行動に絶賛を禁じえなかったようであります。それとともに、「大慈大悲に生きる霊性の人、高群逸枝こそ日本女性の粋」として崇《たた》えられた所以《ゆえん》もそこにあります。

先生が海星女子大の研究室に掲げられた高群逸枝さんの歌入り写真を、八十六歳で引退するにあたり海星女子大学に献上されたのも、故なしとは言えないでしょう。

実母のこと

森先生は「私は、二歳のとき、私を置いて里に帰られた実母について恨んだこともなければ懐かしく思ったこともない。母の実家は十五代も続いた大地主の娘で、無理もなかったのであろう。堅実無比の手堅い家庭に育ったものでしょう」と述懐しておられました。

その実のお母さんは、先生が建国大学教授に迎えられ、寒冷の地である満洲の新京へ旅立たれるに際し、最高級の白いカシミヤ毛布を贈られたようです。その毛布を先生は多分愛用されたことと思いますが、教授仲間の小糸長次郎先生がシベリアに抑留されるにあたり、送別として贈与されたと聞いております。

しかし、この逸話には、実母が常に胸中わが子の行く末を案じ、忘れがたい日々を過ごされていたことを察するに余りあるものがございます。

実父について、先生は「自伝」の中で「私の実父は一人っ子育ちの上に天性のお人好しだったために、私の実母が実家へ帰ったのも無理からぬ面があり、ともに生きてゆくことに対して心の底から不安感を覚えたからであろう」と述べておられます。

また、「お人好しという点では、そのまま私にも遺伝しているが、ただ私の場合は、実母の着実な手堅さと、多少金の苦労によって、実父ほどには甚しくならずに済みました。ただ趣味的な面では、父の血を受け、陶器や石に対して趣味を持っているのも、そのせいかと思います」とも記されています。

こうしてみると、大なり小なり私どもは、父なり母なり、先祖の遺伝的素質を受けているのは間違いないようです。

それにつけても森信三先生の「人間形成」の三大要因、すなわち、(一) 素質、(二) 師の感化、(三) 逆境という原理について考えさせられます。

いま私の人生を振り返ってみましても、父母先祖から受け継いだ素質に加え、師恩友益《しおんゆうえき》のおかげ、そして、多少は逆境体験の恩恵を思わざるを得ません。まことにありがたきかなであります。

義憤やまず

森先生の五体から発する大いなる憤りを直接お聴きしたのは、そのときが初めてでした。それは安曇川町《あどがわちょう》にある中江藤樹先生の墓地の聖域に、橋田邦彦《はしだくにひこ》の碑を建てるという暴挙に対する憤りでした。先生は怒髪天を衝《つ》く勢いで、義憤やまざる形相でした。

先生はさっそく、不当に侵入し建立した責任者とおぼしき方と、藤樹会会長やさる教授とともに名古屋で会い、移転撤去を申し入れたようです。しかし、ラチ明かず、「この事件解決に全力を尽くすことこそ、藤樹会会長や藤樹学研究者にとっての踏み絵ですよ」とさえ詰問《きつもん》されました。

森信三先生は、日本の生んだ先哲として、中江藤樹先生そして石田梅岩先生、はたまた二宮尊徳先生という三大偉人を心から尊敬しております。中でもとりわけ、徳川三百年の間の随一の先覚者として、最も波長の合うお方と言えば中江藤樹先生です。その中江藤樹先生の聖域に勝手に橋田邦彦氏の碑を建て墓を占拠するに至っては絶対許せぬとして、しばしの間、近寄りがたい感すら抱かしめるものがございました。

先生は次のように記しております。

「私が中江藤樹先生にとりわけ心引かれるのは、何といっても先生が、その学問概念である孝徳の実践のために、当時の特権階級だった士籍を捨てて帰郷し、その母君に仕えられた点であり、また視点を変えれば、先生が在野の学者だったというためで、つまり人と学問とが渾然《こんぜん》として一体となっている点からです。しかし先生が学者として、徳川時代三百年間に卓出《たくしゅつ》した方だということを知ったのは恩師西晋一郎先生の教えによるものです」

さらに「藤樹先生が今の世に生きておられたらいかなる生き方をなされるであろうかというのが私の念頭を離れないのです」と。

真に敬慕するとはかかるものかと、猛省させられました。

三人三様の特異性

「私は明治以降の文学者では、人間としては（幸田）露伴《ろはん》、人間の生き方の一面――つまり人間として脊梁骨《せきりょうこつ》を持っていた点では（永井）荷風《かふう》、そして作品としては谷崎（潤一郎）。この三人に心を引かれますね」

森先生が座談会でこう語られるのをお聴きしたことがあります。

その当時、私はこの三人の位置づけについて、いま一つ同意しかねるものがありました。しかし近ごろ、先生の深い評価に少し納得しております。

あるときは、「道元《どうげん》は〝仏教の哲学〟であるのに対して、（三浦）梅園《ばいえん》は〝儒教の哲学〟です。この二つに対して、（二宮）尊徳は〝庶民の哲学〟ということになりましょう」と仰言いました。

またあるときは、「川面《かわつら》（凡児《ぼんじ》）先生のような在野の哲人は、西田（幾多郎）先生については知られないし、また西田先生も川面先生のような在野の思想家はご存じないわけです。ところが私はその中間にいるようなもので、いわゆる学者のことも分かっており、一方野の思想家と言われる人々についても知っているわけです」と。

さらにあるときは、「本間俊平さんは百姓的な匂いが強い。賀川さんは社会事業家、そこへいくと内村先生は学者という感じですね。賀川さんはずいぶん誤解されましたが、これからあの人は認められるでしょう」と。

またまたあるときは（これは再々お聴きしましたが）、「現在もし道元、親鸞《しんらん》、慈雲《じうん》という三人の方がこの世に生きておられたとしたら、私は、道元や親鸞よりも、むしろ慈雲尊者に弟子入りしたいですね。それというのも、私としては、道元の高きに至りえず、また親鸞の深さにも至りえないので、結局『人間に生まれた以上は人間らしい人になれよ』と説かれた慈雲尊者の大慈悲心の前にひれ伏したい思いです」と仰言いました。

立花駅頭の「夢」

　ある朝のこと、例によって森信三先生のお宅をお訪ねすると、「よう来てくれた。いち早くあなたに昨夜の夢をお伝えしようと思っていたところです」と仰言いました。その夢物語とは次のような内容でした。

「旅から帰り立花駅に降りると、その駅前に一人の人物を囲み大勢が輪になっているではありませんか。何だろうと思って私が近づいていきますと、大勢の群集が一人去り二人去り、しだいに引き潮のごとくいつしか去って、その中心人物と私が二人きりになったのです。そのとたん、私は、大地にぶつけられて目が覚めました」

　そして先生は、「その人物とは、私の幻の師、新井奥邃先生だったようです」と仰言いました。このお話から、森先生が新井奥邃先生に対して、いかに心中深く、篤く、いかばかりの憧憬《しょうけい》の念をお持ちであったかが察せられます。

かえりみてこの頃、私はめったに先生の夢を見ませんが、何より篤信《とくしん》の念の薄《はく》弱《じゃく》なるためでありましょうか。それにひきかえ、武川あけみさんは、中途失明されたお方ですが、しばしば夢に先生が登場なさるようで、よく電話でお伝えくださいます。

過日も「連日にわたり地中より這《は》い出すごとく訴えておられるのですが、何を言われているのか一切分からない」とのことでした。それについて、私に思い当たる節がありましたので、即座に武川さんにお伝えしました。「今度先生が夢に出てこられましたら、『どうかご安心ください。いくらバカな私でも、言うべきことであるか否《いな》かはよくわきまえておりますからご安心くださ い』とお伝えください」と申し上げたのです。

その後のことは存じませんが、森信三先生はあの世にあられても、日本の行く末と、縁ある同志道友のことが案ぜられてならぬのではないでしょうか。

孔子も仰言ったようです。「われ衰えたり、最近師の夢を見ず」と。

森信三先生　小精神史

森先生の小精神史について、どこかへ掲載してほしいとご要望がありました。そこで、『不尽片言』に一ページを割いて掲載しておりますが、もっと要領よくここに掲げたいと思います。

○出生……愛知県知多半島に生れる。祖父は第一回国会議員。故あってまったく無縁の森家の養子となる（数え年三歳）。

○十五歳……叔父日比恪《いつき》の縁により、岡田虎二郎先生の偉容《いよう》に接し、静坐法のうち腰骨を立てることに着手、以後生涯を貫く。

○二十代……はじめ福島政雄、ついで西晋一郎などの諸先生より教育・倫理・哲学の教えを受け、その感化影響は深甚なり。

○三十歳……「人生二度なし」の真理に開眼。ついで二宮尊徳の『二宮翁夜話』に触発されて「真理は現実の唯中《ただなか》にあり」との学問観に開眼される。かたわら、

郵便はがき

料金受取人払郵便

渋谷支店承認

806

差出有効期間
平成24年2月
29日まで
（切手不要）

1508790

584

東京都渋谷区神宮前4-24-9

致知出版社　行

『致知』年間購読申込みハガキ

FAXもご利用ください。➡FAX.03-3796-2108

お買い上げいただいた書籍名（森信三シリーズ）			
フリガナ		性　別	男・女
お名前		生年月日	西暦19＿＿年　月　日生　歳
会社名		部署・役職名	
ご住所（ご送本先）	自宅　会社　〒　－		
電話番号	自宅　－　－　会社　－　－		
携帯番号			
E-mail	@		
職　種	1.会社役員　2.会社員　3.公務員　4.教職員　5.学生　6.自由業　7.農林漁業　8.自営業　9.主婦　10.その他		

ご購読口数（バックナンバーは別売になります）
最新号より　毎月＿＿冊

ご購読期間　○印をしてください
3年　27,000円（定価36,720円）
1年　10,000円（定価12,240円）
※年間12冊・送料・消費税含む

※ご購読料の請求書（振込用紙）は、初回送本に同封させていただきます。

お客様からいただきました個人情報は、商品のお届け、お支払いの確認、弊社の各種ご案内に利用させていただくことがございます。

伊藤証信《しょうしん》、宮崎童安、江渡狄嶺《えとてきれい》の在野の思想家から学ぶところあり。
○四十歳……無我愛の行者伊藤証信氏より「知愚一如」の開眼を得る。
○五十歳……敗戦を異民族の間で痛験し「世界史は神曲なり」との大自覚に達す。
○六十歳……さらに「世界史は人類の業の展開」なることを悟る。同時に「真理の肉体化」が始まる。
○七十歳……「世の中に両方よいことはない」との簡易なる庶民的表現に達す。けだし万物すべて一長一短の理なり。
○七十七歳……長男の死を機とし、単身、同和地区に入り、独居自炊の生活に入る。
○八十歳……第二の誕生ともいうべきいのちの根本的転回を痛験し、いのちの「全解放」の消息の一端にあずかる。ここに至って、立腰の真理の出発点に帰るの感深し。同時に広い世間には卓越せる人士のあたかも満天の星座のごとく無量多なるに開眼させられる。
――以上、その大略を記載させていただきました。

知愚一如

　森先生が京都大学の大学院生のころ、碧南《へきなん》の伊藤証信先生と交換教授をなされました。伊藤先生は仏教を、森先生は西洋哲学をということで、お互いに修学を続けられる間柄にありました。

　伊藤先生は河上肇《はじめ》博士の宗教の師で、在野の思想家でした。あるとき森先生は、「善悪不二が分って知愚一如《ちぐいちによ》がいま一つ解しておらぬのはおかしい」と伊藤先生からご指摘を受け、開眼触発の機を得られました。先生いわく「私の哲学体系の生まれる最後の発条《ばね》となったのは、知愚一如の自覚でした。そしてそのカケ金を外してくださったのは伊藤証信師だったのです」と。

　思えば知愚一如とは、知者も愚者も、ひとたび絶対者の前に立てばまったく同価値であって、根本的にはその間で絶対に優劣がつけられぬ——ということです。

　人間というものは、地位の上下・財の貧富だけでなく、賢愚・優劣・美醜・巧《こう》拙《せつ》といった比較相対にとらわれやすいものです。

しかし、そうした比較相対の世界から脱却した世界に躍入しない限り、真の統一は得られないのです。というのは、自分の持っているすべての知識や経験を根本的に統一する世界観や人生観の体系が得られないからです。

そうした意味で、「知愚一如」によって、森先生は多年の迷妄《めいもう》から脱却せられ、その結果、先生の実質的処女作『恩の形而上学』が生まれたと言えましょう。

先生は、「一つひとつの知識ないし経験というものは、いわば相対的なものでしかないからです。多くの相対的なものを統一するには、一度はそうした相対的立場を超える必要があるわけです。立体的には一応それを捨てねばならぬのです」と仰言っています。

相対的なものの代表は、名・利すなわち名誉とか利益とかいうもので、真に絶対的な頼りになるものではないのですが、その名・利の一関を越えることは、なかなか容易ならぬものであることを痛感させせられます。

学費提供の恩人

森先生は、家庭の事情によって、中学校進学を断念せざるを得なくなり、名古屋の愛知師範を終え、一時、小学校教師をなさっておられました。しかし、向学の志念断ちがたく、広島高等師範学校を受験し、進学するに至りました。これは母方の従兄にあたる山口精一氏が、とりあえず二カ年の学資を提供くださったおかげによるものです。

次に、匿名《とくめい》の篤志家から無条件で学資の提供がなされました。後年、その篤志家とは、サントリーやトリスウイスキーで有名な寿屋《ことぶきや》の鳥井信治郎《とりいしんじろう》氏であることが判明いたしました。

なお先生は広島高師を出て一年、大阪阿倍野《あべの》女学校で英語の教師をされてのち、京都大学の哲学科へ入学を志すのであります。このときは、学費問題で考慮中のところ、四日市の実業家の小菅剣之助《こすげけんのすけ》氏（現・日本トランスシティの創業者）が面接の上、優秀な学生に学資提供されるとの話があり、許されて学資を提供していただくことになりました。

以上の三氏から資金の提供を受けて、広島高師と京都大学の課程を終えられたわけです。その面では、「これぞ終生の恩恵」として先生にとっては忘れえない恩人であられるわけです。

したがいまして、先生は修学を終えられてから、この三氏に対して盆や年の暮れの、中元・歳暮を欠かさなかったようです。八十歳過ぎて病臥《びょうが》の身となられてからは、私が依頼を受け、三恩人にお贈りするように命じられました。

もちろん、『森信三全集』が先生から謹呈《きんてい》送付されたことは申すまでもありません。かつての恩情に報いる森先生の厚き報謝の念は終生変わらぬもので、幾たびか、そのお話をお聴きすることができました。

第三章

人間参究

慈雲尊者への憧憬

○わが国の全仏教史上、私の一番好きな方は、葛城《かつらぎ》の慈雲尊者です。その理由の一つは、尊者の人間的資質が、道元、親鸞と比べても、些《いささ》かも遜色がないと思うからです。

○道元の『正法眼蔵《しょうほうげんぞう》』の世界を、絶大な水晶球が天空高く懸《か》かるものとすれば、慈雲尊者の『十善法語《じゅうぜんほうご》』の世界は、そのような絶大な水晶体が、地上二、三尺のところまで下降して、地上の万象を、ことごとく映現してやまぬ趣があるとも言えましょう。

○現在もし道元、親鸞、慈雲という三人の方がこの世に生きていられたとしたら、私はいろいろと考えたあげくのはてに、道元や親鸞よりも、むしろ慈雲尊者に弟子入りしているんじゃないかと思いますね。

○それというのも私としては、道元の高きに至りえず、また親鸞の深さにも至りえないので、結局「人間に生まれた以上は人間らしい人になれよ」と説かれた慈雲尊者の大慈悲心の前にひれ伏したい思いです。

――以上の言葉によって、先生がいかばかり慈雲尊者を景仰申し上げておられたか、窺い知れましょう。それゆえ「『十善法語』抄」と題して尊者の主著『十善法語』の抄録を編集したところ、先生から過分な序文を頂戴いたしました。

さて「十善」業とは、不殺生《ふせっしょう》・不偸盗《ふちゅうとう》・不邪婬《ふじゃいん》の身の三善業と、不妄語《ふもうご》・不綺《ふき》語《ご》・不悪口《ふあっく》・不両舌《ふりょうぜつ》の口の四善業と、不貪欲《ふどんよく》・不瞋恚《ふしんい》・不邪見《ふじゃけん》の意の三善業とあわせたものです。

これが「人の人たる道」とお説きくださっているとおり、まさに、この人たる道を全うしてこそ聖賢の地位にも至り、仏願に添うことができると言えましょう。まことに心すべきことであります。

ガンジー翁語録

森信三先生は、インドの生んだ聖者ガンジーを心から尊敬しておられました。それは『幻の講話』最終巻の第十六講から第三十講に至る講話の始まりに、ガンジーの語録を取り上げ解説しておられる点からだけでも窺われます。

「私は、真理への献身のあまりに、政治の場に引き入れられるのだ。私はまったく謙虚ではあるが、いささかのためらいもなく、〝宗教は政治とまったく無関係である〟という人は、宗教の何たるかを知らない人だといいうる」

そしてその解説に、先生いわく、「実際、なんというスバラシイ宗教観であり、理性観でしょうか。私は、人類の将来はどう考えても、結局最後は、ガンジーの光に照らされる以外に、真の道はなかろうと考えるのであります」と。

さらにいわく、「実際この大宇宙には、無限絶大な不可視の大法が厳として行われているのであります。すなわち『天』は、単に物質的な繁栄のみを、無条件で与えるようなことはしないのであります。したがってそうした意味からは、公害問題をはじめとする資源問題、食糧問題等は、これまでのわが国における自然科学的文明の過度の発達に対して示された『天』の一大警告と言ってよいでしょう」と。

またガンジー翁いわく「私は聖者を装った政治家ではない。私には、真理とアヒンサー（博愛）の政策しかない。私は母国の解放や宗教のためにさえ、真理とアヒンサーを犠牲にはしないだろう」と。

二〇一一・三・一一の東日本大震災による巨大津波の被害はもとより、原発事故の発生は何を物語るか、しかも原発全廃に至りえない経済問題に、現代の政経問題の矛盾との絡《から》みが考えられてなりません。森先生が生きておられれば、いかが仰せになりましょうか。

恩師西晋一郎先生

森信三先生にとって恩師と言えば、まず教育の面では広島高師時代の福島政雄先生、そして倫理学の面では西晋一郎先生、哲学という面では京都大学の西田幾多郎先生というところでしょう。とりわけ西晋一郎先生の感化影響は大きく、建国大学在職中に西先生のご逝去の報に接されるや、直ちに哀悼の意を込めた歌を送っていらっしゃいます。その中でも心打たれるのは、次の一首です。

みいのちに触《ふ》りせざりせばおぞの身の　いのちいかにや生きむとやせし

おぞの身とは、愚鈍な者という意のようです。先生に接することがなかったなら、私のような愚かな者がこうして今日生命永らえて生きることができたでありましょうか、と訴えておられるのです。

この一首はそのままそっくり、私が森信三先生に捧げたいお歌として、いまや忘れがたいものとなっております。

私はあるとき、森先生に愚問を発しました。すなわち、「西先生にすすめられてあまり気乗りのしなかった建国大学へ就任され、そのため実りの少ない七年を過ごし、しかも敗戦後に凍餓死まで覚悟するようなご苦労を味わわれて、後悔されなかったですか」と、お尋ねしたのです。

すると先生は、「君は何を言うか。（小指の先をはじきながら）こっから先も後悔なんかするものか」と、やや憤りを込めて仰言いました。

私にとっても西晋一郎先生は、間接的な恩師です。というのは、「親から受けた恩の有無《うむ》厚薄《こうはく》を問わぬ。父母《ふぼ》即恩《そくおん》である」という西先生の一語を森先生より教えられて迷妄の霧が一掃され、比較相対観を脱することができたからです。いわば西晋一郎先生は、私にとっても大恩ある先生であり、それゆえ先年先生の墓前に額《ぬか》ずき天庭《てんてい》の拝をいたしたのです。

山県三千雄先生

森先生の三十歳代の唯一の趣味は「石」の収集でしたが、石に値段がつけられてからおやめになったとお聞きしています。先生の趣味は書画・骨董・陶芸と幅広く、また単に広いのみならず、それぞれについての眼力をお持ちでした。さらに特筆すべき趣味は古本屋巡りで、これは趣味という域を超えて、大きな学びの場であったようです。

それは「私の学問の少なくとも半ば以上は、古本屋の店頭でなされている」と言われるほどです。私も幾たびかお供しましたが、小一時間ほどしらみつぶしにご覧になりました。

私など退屈するわけですが、ときに一冊、私のために買ってくださるのです。重宝している『報徳要典』もその一冊です。

先生は大阪道頓堀《どうとんぼり》の天牛《てんぎゅう》古書店にて、早大教授山県三千雄《やまがたみちお》先生の『人間』を手にし、その独自の哲学体系に驚嘆畏敬されるとともに、大阪読書会ならびに神戸読書会のテキストとして活用なされました。

こうした経緯を経てお二人の交流が始まり、肝胆相照《かんたんあいて》らす仲となり、先生としては学者の間で最高の知己を得られたわけです。

それに応えられて、山県三千雄先生も著書『日本人と思想』において「森信三の日本的正気《せいき》の心実学と教育的実践」の一章を設け、詳細に解説しておられます。そして最後に森先生の宗教論に至り、「絶対他力と絶対自力との絶対相即融合としての無碍《むげ》の大自在境でなければならぬ」という一語を引用しつつ、その続語として「すでに森の自覚像は光背を負っている。かかる光に対して矢を射ろうとする者は、めしいになることを覚悟しなければならないだろう」と書き、結びの言葉としておられます。

『偉人伝記シリーズ21』

ご生前、森先生は最後の念願として、少年少女のための偉人伝記シリーズを企画されましたが、その心願を果たされないまま九十七歳をもって逝去されました。私はそのシリーズに掲載する二十一名に上る偉人の名前だけはすでに伺っておりました。そして二十一世紀を迎える一年前という間際になって、非才無能の私ですが、一念発起し、そのご遺志を果たさせていただこうと決意いたしました。

いまから思えばまことに無暴な、分をわきまえぬ輩《やから》と一笑されるところですが、幼児国語教育をモットーとする株式会社登龍館の田中社長さんのご承諾、ご協力を得て、二十一巻ものを二十一世紀の初頭において完成発行できました。これはこの上ない喜びであり、感謝です。まったく素人に等しき者の企画編集でありますが、よくぞ一年足らずで全巻発行していただきました。

その中には、日本の生んだ先哲のみならず、他国の偉人七名を取り入れ、また日本においてあまり知られざる人物も取り上げさせていただきました。すなわち、公害問題の先駆者田中正造《しょうぞう》、秋田の生んだ農業指導者石川理紀之助《りきのすけ》、国語教育の芦田恵之助《あしだえのすけ》、世界的無機化学の科学者永海佐一郎《ながみさいちろう》などですが、これらの方々も森信三先生のリストに則り、ご登場いただきました。

いまここで、そのなかの一人、森信三先生と最も親密なご関係にあった芦田恵之助先生について述べましょう。芦田先生は丹波竹田のご出身です。終生詰め襟《えり》姿で、知る人ぞ知る国語や作文指導の達人であり、国語教壇の名人です。わが国の明治以後の教育界にこの人ありきと思わずにはいられません。

第一に、七変化の国語教壇の型の創造者です。

第二に、四十歳のとき、静坐の師、岡田虎二郎先生との邂逅《かいこう》は見逃せません。

第三に、森信三先生の『修身教授録』のガリ版刷り記録を「わが所依経《しょえきょう》にする」と最初に仰言り、出版に踏み切ったのはこの芦田恵之助先生です。いわば、森信三先生の真価認識の第一人者であったのです。

『正法眼蔵随聞記』を手にして

森先生が七十五歳のころだったでしょうか、夜行列車で大阪駅に到着され、そこから読書会会場の四天王寺学園にすでに駆けつけてくださっていました。

あるとき、黒板に「人を愧《は》づべくんば明眼の人を愧づべし」と板書されました。この一語は、不思議に今日なお記憶に新たなものがありまして、『正法眼蔵随聞記』を手にして改めて確かめましたところ、第六巻の巻頭に発見いたしました。

その本意は申すまでもありません。「まことに畏れ入るべきお方というのは過去・現在・未来に通じた眼識明察の人ではないでしょうか」ということです。眼《がん》光紙背《こうしはい》に徹する方とも申せましょう。

この『随聞記』の懐奘《えじょう》は、三十七歳のとき、師の道元に参じましたが、そのとき祖師は三十五歳で二歳年下でした。それはともかくも、この『随聞記』を拝読すると、師弟肉薄、生死超脱の感さえいたします。

いま一つ、師影彷彿《しえいほうふつ》とせられるものは、『石田先生事蹟』ではなかろうかと思います。

先生はこの本について、「石田梅岩《ばいがん》先生を知る入門書であり、かつ奥の院はこの一冊に尽きるのではなかろうか」とさえ仰言っています。

梅岩先生の日常・逸話・言葉を知る上でこれに勝るものなしと思われます。承れば、梅岩先生の没後二十五年を経てできあがったものと言われております。

またぜひ忘れてはならぬものは、福住正兄《ふくずみまさえ》筆録の『二宮翁夜話《にのみやおうやわ》』ではないでしょうか。天地不滅の法典と言って過言ではないでしょう。

ここに掲げた二冊からおのおの一語を選んでこの一節を終わりましょう。

○御制礼の前は笠をぬぎ腰を折りて通りたまふ。是は公《おほやけ》の命を重んじ給ひてなり。

（『石田先生事蹟』より）

○翁いわく、大事をなさんと欲せば、小さなる事を怠らず勤《いそ》しむべし。小積もりて大となればなり。（『二宮翁夜話』より）

不尽先生「微言」

久しぶりに書棚を整理しました際、旧稿のケースの中から貴重なものが発見されました。不尽先生「微言」と題する短い語録について、森先生から細やかに修《しゅう》訂《てい》いただいたものです。その中から、ここに語録三十近くを選択し、披露申し上げたいと思います。

○自覚の真は、所照の自覚にあり。
○「人生二度なし」、これ絶対の事実即真理なり。
○「死」の徹見、即「生」の充実。
○絶対必然即絶対最善、これまさに天意なり。
○逆境は神の恩寵《おんちょう》的試練なり。
○真理は現実と実践の切り結ぶ切点にあり。

○物事はすべてこれ一長一短と知るべし。
○異質的両極を切り結ばせて初めて生きた真理となる。
○神は至公至平。
○人はすべからく「終生の師」を持つべし。
○「幻」は真理の具体的顕現とや言わん。
○発願《ほつがん》・心願・誓願の順に深まる。
○いまだ名利の一関を越えずんば、真の明眼洞察の境には至りがたい。
○美は、恵まれない人びとへの神の恩寵である。
○机上に一個の石を置けば、たちまちそこに泰山《たいざん》が生ずる。
○一切の悩みは比較より生じる。
○「人間いかに生きるべきか」、これ人間生涯の最大の公案と言うべし。
○人間は金の苦労によって鍛えられる。
○玄米食は、食の原点であると同時に、経済生活の原点でもある。
○人も物もすべて真の味を噛みしめて味わうべし。

○すべからくハガキ活用の達人たるべし。
○何といっても読書は、実践の一大原動力。
○男は眼力と肚。女は耐えに耐え貫く。
○世界史は神曲なり。されば軽々しく正邪をいうなかれ。
○「極陰は陽に転じる」——これ宇宙の大法なり。
○物の世界は進むばかり、人間の世界は下るばかり。
○民族の教育再建はまず「立腰教育」から——。

先師についての対談

このたび致知出版社にて、それぞれの先師について語る機会を得ました。各界リーダーの指南役と謳《うた》われた安岡正篤先生については、郷学研修所所長の荒井桂先生。一方、国民教育の師父と仰がれた森信三先生については、私が語らせていただきました。

学識経験の深い荒井先生に対してすべてに劣る私に対談のお相手が務まるかと心配でしたが、何とか二時間に及ぶ対談を終えることができ、ほっといたしました。

その対談記録が『致知』新年号に掲載され、本日（平成二十三年十二月一日）に届けられました。さすがに中国古典にお詳しい荒井先生の見識には遠く及びもつきませんが、ただ一つ、私の取り柄は、二十七年間にわたり直接身近に森先生と接しえたことでした。それにより「人間の生き方」の原理原則のみならず、日常実践の機微に触れるご指導を数々いただくことができました。いまここで、その要点を思い出すままに取り上げてみたいと思います。

(一) 食事のときの飯菜別食法をはじめ、入浴および就寝につき、日常ささいなことを教えられたことです。

(二) 読書にあたり、まず書籍選択を誤らないこと。また感動箇所の線の引き方。

(三) 挙手のあり方、はきものの揃え方。ビールのつぎ方まで伝授されました。

(四) そして所作《しょさ》姿勢の根本である立腰のあり方を授かったことは、筆舌に尽くしがたい恩恵です。

(五) 笑顔については「鏡笑法」を、出講については「時間厳守」を。むしろ二、三分前に終えること。

(六) 「只管《しかん》あいさつ」や「紙屑《かみくず》拾いの下坐行《げざぎょう》」を教えられたこと。

(七) また「良書」の推薦紹介もありがたい教えの一つです。

（八）そして「はがき活用の達人たるべし」の教えも、晩年になっての生き方を支えるものとなっています。

——以上、簡単ながら具体的な着手点を列挙しました。

一番の直線コースで

あるとき、森先生は仰言いました。

「人は皆、外塀《そとべい》ののぞき窓から内を窺いみて容易に入ってこようとしないが、ご免くださいと言うや否や、奥座敷へ直線コースの最短距離でつかつかと上がって私の机の前に対坐したのは、あんたや」

無礼千万な男とも、また怖さ知らずともとれますが、私は比べる対象を持たなかったからでありましょう。

人は皆、なまじっか先入観の学識があると、比較し確信をもった上で、初めて接見という次第に至るのでありましょう。その点、私は、知はなく徳なく力なく、地位なく、ないないない尽くしですから、失うものがなかったのです。

私が森先生に初めてお会いしたのは昭和四十年二月のことでした。小学校時代の恩師が校長を務める小学校に、森信三先生が来られ、校長室で五、六人の方々とともにお会いしたのです。

そのときの一言がいたく心に響きました。前年の昭和三十九年は東京オリンピック開催の年で、大松博文《だいまつひろぶみ》監督率いる女子バレーボールチームが優勝しました。先生は「大松監督のあの回転レシーブは、剣客佐々木小次郎のつばめ返しにも勝るとも劣らぬ日本鍛錬道の粋《すい》である」と仰言いました。

私にとって大松監督は、同じ町内に住み、日紡貝塚《にちぼうかいづか》工場の用度課の課長さんで、営業の場をご提供いただく上司の立場にあたるお方でした。午後四時ともなれば、グラウンドで猛練習の日々を目撃しておりました。

そうした点をまったくご存じでない先生から、大松監督の英傑《えいけつ》ぶりについて適確な歴史的評価をお聞きでき、一度で魅了されました。その瞬間、私にとっての生涯の師はこのお方のほかはなしと、一心決定いたしました。

その後、一瞬の迷いもなく四十数年を重ねているのですから、不思議というよりほかございません。ありがたさの極みです。

第四章 道と実践

封書とはさみ

飛行機を利用する旅をする機会は通常あまりないのですが、この月は二回もあり、一度は札幌へ、そして仙台へ旅立つことになり、やむなく空路を利用し、往復四回、乗車前の検査を受けました。そのたびに、リュックに持参のはさみが再検査を受ける羽目《はめ》に至りました。

なぜはさみを持参するのかと言えば、そのもともとの理由は、森先生から「私は封書を手でちぎって開けないためにはさみを常時持参しています」と、いつもお聞きしていたからです。来信の多い先生にとって、はさみは必需品だったのです。

それを見習って私も持参したのですが、四回も連続して搭乗に際し再検査を受けるに至っては考えざるを得ないと思いました。思い起こせば先生ご持参のはさみは、ドイツ・ゾーリンゲンの折りたたみ式の高級品でした。

「封書とはさみ」に共通することですが、「黒板と白墨」についても思い出すことなどを述べておきたいと思います。

○

先生は「黒板は教室の鏡」としてキレイに拭《ふ》き取ることをモットーとされました。そしていま一つ、白墨はチョーク箱の中でもごく小さなものを選んで利用されました。こうした平常の心がけを大事にされ、何事にも自分の流儀をお持ちでした。そして教室の背後に立って、教師が板書の字を見直すことの必要をしばしば力説されました。

○

話はまったく変わりますが、寿司の食べ方です。先生は「箸を使わず直接手でつまんで食べないと食べた気がしない」と言われ、同時に、それでないと「握ってくれる方に失礼ではないか」とさえ仰言いました。

ここでもやはり、自己独特の流儀を持つことの必要さを教えられました。

それにしても先生の宛名の「様」の一字は独特でした。

ビールのつぎ方

ビールやお酒にあまりご縁のない森先生から、あるとき、ビールのつぎ方を教わりました。これはまことにありがたいことの一つとして、いまでも感謝しております。この所作の微妙さは実物指導のほかお伝えする方法はないのですが、ここで要領の概略だけでもお伝えできればと思います。

まず注意すべきは次の三点です。

（一）ビールのラベルを大事にすること。

（二）右手でビールの底を支えること。

（三）左手を必ず添えること。

（一）について具体的に述べますと、ビールのラベルは、常にお客様もしくは相手のほうに向けて立てること。つぐときも、ラベルを手で押さえたりしないこと。

（二）右手のたなごころでビールの底を支えることによって安定し、つぎやすくなります。

（三）左手をビールの背下面に添える所作はまことに美しいものがあります。

「ビールのつぎ方」について、学者肌の森信三先生から教わったことを皆さまにお伝えしようというのがこの一文の本音でありますが、いかに森先生が日常の所作について万全の注意を払っておられたかは注目すべきことです。

かの道元禅師も「威儀三千《いぎさんぜん》」を唱え、食事・洗面・起居動作のいちいちについて規律正しく垂示されています。「威儀即仏教」とさえ仰言っています。

もとより森信三先生も、「礼を重んじ、礼を正す」ことについて、日常生活のルールを大切になされたことは申すまでもありません。

杯の持ち方をはじめ、お酒の飲み方についても、私自身しばしばご注意いただいたことは、ありがたさの極みとして忘れえぬ遺訓の一つとなっています。

ついの栖み家

先生の七十七歳はまこと悲愁《ひしゅう》苦難の年でした。ご長男の急逝後、ひととき当方の別宅に仮住まいいただきましたが、これも落ち着かれず、結局尼崎今北地区に身を寄せられることになり、昭和四十七年十一月三日の文化の日を期して、同和地区の立ち退き区域の一軒空き家へ単身入居されました。

それ以後は「ついの栖《す》み家《か》」と題し、折々の記を「実践人」誌に寄せられました。この題名は一茶の「是れがまあつひの栖《すみか》か雪五尺」の一句からとられたもので、無限の孤愁《こしゅう》と諦観《ていかん》を込められたものです。

入居の宅は、取り壊し予定の家屋の三間続きで、むやみに天井や敷居や柱に釘の打ちつけが目立ち、食卓とてなく椅子を食卓代わりとされるほどでした。ただ六畳の部屋に机を置かれ、全和鳳《ぜんわこう》さんの「百済《くだら》観音」の逸品を壁に掲げると、先生らしい書斎としての落ち着きを感じました。

転宅入居後、「まったくお与えのままで雲に乗ったようなもの」と漏らされましたが、当時のご心境の一端を窺うに足るものです。

それから一カ月ほどして同地区内で再転居されました。転居先の家も立ち退き予定地で、安住の地ではございませんでした。しかし思い返せば、こうした環境に置かれて『幻の講話』全五巻の最後の補訂をなされたのですから、驚嘆敬服のほかございません。

かくして再転居の家屋も立ち退き期限が迫り、ついに、同地区内に「実践人の家」の事務局を兼ねた先生のご住居建設の議が起こりました。建設募金が寄せられ、やがて落成式が挙行されました。

それ以後の随想は題名を「新堂守りの記」と改め、「実践人」誌上に掲載されました。当時の日常生活をつぶさに見聞した者として、その記録を読むたびに惻々《そくそく》と胸打たれるものがあります。

呼び名について

先生のお名前の信三について「のぶぞう」か「しんぞう」か、どちらが正しいのかとお尋ねくださる方が随分《ずいぶん》多いのに驚いております。私は、「幼にして『のぶぞう』、長じては『しんぞう』です。森先生にもお尋ねいたしましたが、『しんぞう』で結構ですと仰言いました」とお答えしております。

ただ郷里の半田市では、かつて市長さんに森信蔵という方がおられましたので、幼名の「のぶぞう」でお呼びくださるようお願いします、と言い添えるようにいたしております。

話が変わりますが、私はかねて、森信三というお名前について、おもしろく勝手な解明をいたしております。失礼をかえりみず発表することをお許しいただきたいと思います。

かつて海星女子大で先生から教わった方にお会いしました際、先生の講義を二年にわたり受けられたエピソードを続々お聞きすることができました。

「一番印象深いのは、先生はすでに八十五歳ごろでしたが、いつも姿勢が立って凛《りん》とした風格であったこと。そして、授業中に巡回され、学生の腰の辺を矯正されたのは、さすが立腰の先生という感がいたしました。そして最後に、森信三というお名前をこの頃しばしば耳にするようになりましたが、考えてみれば実にいいお名前ですよね」とその方は仰言いました。

そこで私は次のように申し上げたのです。

「森というのは、木が三つです。木は気なりで三気です。すなわち、本気・根気・温気《うんき》です。信三とは、三信です。信義・信愛・信実です。いうなれば、三気・三信を意味するお名前です」

するとその方は、ナルホドと納得され、「本気・根気・温気、そして信義・信愛・信実、何ともリズムと内容に富んだお名前でありますね」とことさら感銘を深くしてくださいました。

私もいい気分になって、意味するところを繰り返すばかりでした。

心の腰を据える

「西宮えびす読書会」が発足して、この十二月をもって百回を迎えるにあたり、会員一同から「『修身教授録』に学ぶもの」と題して寄稿いただき、「記念文集」をまとめることになりました。そこでさっそく、私も『修身教授録』より一語を選び、次の一文をお送りしました。

○心の腰を据える
「もし諸君にして真に意義ある人生を送ろうとするなら、少なくとも人の一倍半は働いて、しかも報酬は、普通の人の二割減くらいでも満足しようという基準を打ち立てることです」（『修身教授録』）

この一語を『修身教授録』の中に発見したときの衝撃は、いまもって忘れがたいものがあります。「心の腰を据える」とはこういうことか、と教えられました。一般に「肚を据える」という言葉もよく聞かされますが、このように具体的に教えられたのは初めてのことで、ナルホドそうかと肚に収まるものがございました。かつて東京新聞社に勤める正岡子規《まさおかしき》のもとへ、松山から歌仲間の後輩がわざわざ相談に上京し、「二社の新聞社から採用通知があり、どちらにしようかと迷っている」と尋ねたとき、子規は「何を迷うことがあるか。給料の安いほうを選びたまえ」と即座に答えたとのこと。さすが明治人子規の真骨頂と感銘した覚えがあります。

また二宮尊徳先生のお弟子に福住正兄という方がおられます。このお方は『二宮翁夜話』の編者でもありますが、まだ政吉と呼ばれて二宮翁に仕えていたころ、小田原の素封家《そほうか》（財産家）と福住という貧家から、同時に養子縁組を所望《しょもう》されました。そのとき尊徳翁は、貧しい福住への縁組をすすめられたとのことです。

この二つの例話をもっても、「肚を据える」ことの大事さを教えられます。

優先順位三原則

いつどこで教えられたのか覚えていないのですが、次の三つのことを森先生は仰言っていました。

（一）人を先にし　おのれをあとに
（二）人に勝つより　おのれに克てよ
（三）義務を先にし　娯楽をあとに

思えばこれはすべて何を先にするかという優先順位をお説きくださっています。すなわち（一）では、電車に乗る場合、降りる乗客を待たず、われ先に乗ろうとする見苦しい情景をしばしば目にしますが、降りる客が降り切るまで待ち、乗るときには人を押しのけてまで乗るような態度は避けたいものです。要するにルールをあくまで遵守《じゅんしゅ》する――これは礼の根本というべきものです。

　次に（二）は、あらゆる競技や勝負の世界でかねて言われる言葉ですが、なかなか難しいことです。一流の競技や勝負に生きる方々は、すべて日常においてこの原則、すなわち勝他心より克己心を第一優先しているようです。競技の練習だけでなく、日常生活の機微においても、あらゆる私意や欲望にいかに打ち勝ち、自己抑制の日々を送っておられるか、察するに余りあるものがあります。

　たとえ競技の世界に生きる者でなくとも、あらゆる職業に就く者にとって、日常生活において、わがまま気ままに打ち克つ自制心こそ何より大切なことは申すまでもありません。

　最後の（三）も、森信三先生が特に強調された提言です。たとえば先生が出講の旅に出て家を留守にされたとき、郵便物が束になりました。そこで帰宅早々、返事急用のものをより分けて先に義務を果たし、食事をあとにされたようです。すべて義務優先の心構えが、この一事からも窺えます。

ある日の日記

先生のある日の日記を目にし、嬉しく思いました。昭和五十四年十月三十日のことです。

○

「海星女子大へ。午前中空き時間にて今度できた家庭教育の本『わが子の人間教育は両親の全責任』を、学長や向野修道女はもちろん全事務八名職員五名の他特に小使いさんたち八名にも差し上げることにして、そのサインに手間取る。

〝母親にしてもしこの本の中の何か一つを真剣に始められたらやがてその家庭は一変するであろう〟

当学長および古川神父のサインは

〝家庭は民族にとってその基礎的細胞なり〟

午後より講義「道徳教育」と「教育史」――

了《おわ》って三宮より快速にて大阪に出で『炎の教育者』（井上日召《にっしょう》獄中日記）を求めて七時過ぎ帰宅。それより玄米飯を炊き八時半夕食」

○

この日記を拝読。感動感謝いたしました。この新書判の一冊『わが子の人間教育は両親の全責任』は、森信三先生の講述書『家庭教育叢書』（全六冊）の第一冊にと、私が精魂込めて責任編集させていただいたものです。わが生涯の苦境期において、先生の校閲《こうえつ》をいただき自費出版しましたものであり、私の初期発行の出版物としては、森信三先生の『一日一語』とともに忘れがたいものです。

しかもこの小冊子に関し、先生ご自身、かくも普及にご尽力くださっていたかと思えば感動を禁じえません。

全国道友のご支援を賜り、『一日一語』とともに、いまも隠れたベストセラーとしてご愛読いただいております。苦境脱出、再生復活の書として、生涯忘れえぬ思い出が秘められております。

はがき活用の達人

森信三先生の『一日一語』の語録の中から印象に残る言葉を十あげよとなると、「ハガキを最上の武器として活用しうる人間に——かくしてハガキ活用の達人たるべし」という一言を必ずや選びたいと思います。それほど、この一語に魅せられております。

三十八歳の年以来、森信三先生からハガキの活用を学び、見習って努力してまいりました。七十代まではまだ義務感がどこかに残っておりましたが、八十代の近ごろになって、ようやくにして楽しみつつ書けるようになりました。まだハガキ活用の達人の境地にはほど遠いことですが、少しはその心境を窺い知ることができそうです。

先生が七十歳代のころ、「ハガキの表書きでもって書の練習をしておるのです」とお聴きしたことがあります。なるほど平常心是道《へいじょうしんこれどう》とはこうしたことかと教えられた思いでした。

またハガキ書きの順序として、宛先の名前を書き、次に郵便番号、そして住所を書き、日付を書き、それから本文の内容に入るということを教えられたことがあります。

先生の宛名に続く敬称の「様」は独特のもので、この一字に「恭敬《きょうけい》」の念を込めておられるようです。なお八十六歳の大患後は、「マヒの右手もて」を必ず末尾に書き加えておられます。


生涯をかけた全著述全書翰を含む全執筆の中で、全書翰（もちろんハガキを含む）の占める割合は六割五分を超えるとお聴きしたことがありますが、いかに手紙やハガキに全精魂を傾注されたかを窺い知ることができます。

まさに先生こそハガキ活用の達人と言えるのではないでしょうか。私も及ばずながら、一歩でも近づきたいものです。

仕事の黄金律

人間の生き方にも極めて大事な訓言があります。たとえばキリストの山上の垂《すい》訓《くん》の一節に「すべて人にせられんと思うことは人にもまたそのごとくせよ」と言われるごとくです。

森先生の教えのことごとくが、私にとって人生の黄金律だったわけですが、仕事のあり方や進め方についても伝授されたように思われてなりません。もちろん、絵画においても、黄金分割率というものがあって、縦と横の対比が黄金率に合致するところに美感が成り立つと教えられています。

さて仕事進行の黄金律とは、二割五分すなわち四分の一の線ではなかろうかと思います。次に四分の二、四分の三というふうに思われてなりません。

そして四分の三の地点に達したときは、いまだ「九十九里を以て半ばとす」という聖者の言葉を思い起こし、最後の死力を尽くすべきものと心がけるのがよいでしょう。

先生から教えられた仕事の心構えは、次の四点にまとめられます。

（一）即今着手（今すぐ手をつける）

（二）一気呵成《かせい》（脇目も振らず一点集中）

（三）難関突破（必ず胸つき八丁の難所あり）

（四）期限厳守（物事にはすべて期限は付き物）

この四つの師訓を遵守したいものと決心いたしております。

なお森先生の執筆態度として散見いたしましたところを付記しますと、いよいよ執筆前夜、目次が決まると面会謝絶の貼り紙、机上には何も置かれず、『正法眼蔵』一冊のみ。ただひたすら大判原稿（タテ四十二字、ヨコ二十八行）に没頭。一瞬の渋滞なく、一切の参考書も置かれず、ひたすら原稿に没頭というご様子でした。

心の大洗濯

森先生は、八十三歳にして『情念の形而上学』なる一書の執筆に取り組まれました。夏休み中、四週間かけ、毎日十時間前後を文字どおり一心不乱に没頭され、その下稿を完成されました。

「とにかく哲学というような学問を選んだ以上、棺桶《かんおけ》へ入るまでにせめて一度は心の大洗濯をしなくてはなるまい——」と思われたようです。

情念というのは、われわれ人間の持つさまざまな心の様相です。欲しい、惜しい、かわいい、憎い、うらみ、腹立ち、高慢《こうまん》等、これを天理教の教祖は「八つのほこり」と申しております。これはなかなかうまくとらえておられると思います。

先生はそうした「情念」の種々なる実相を適確に把握されるとともに、その「情念の浄化」の方法まで説いてくださっています。ここで、その浄化について、要点を精読の上、箇条書きにしてご披露したいと思います。

（一）立腰竪立……何事もかかる重大な問題に取り組むには「立腰」の確立が何より先決です。

（二）慎言慎食……口は災いのもとです。言葉の慎しみと食事の慎しみが何より肝要です。

（三）下坐行履《あんり》……とかく高慢に陥りやすい人間にとって、直接躰《からだ》を通して教えています。

（四）耐忍辛苦……すべての実践は忍の一字に帰着します。耐忍なくして何事も成就いたしません。

（五）明知明察……生きる上で人間関係の調節こそ何より大切です。それには学びを重ね、心の明鏡を磨かねばなりません。

（六）布施奉仕……申すまでもなく、自らの勤労ないし財物を他に捧げる利他行によって気づかされます。

（七）感恩報謝《かんのんほうしゃ》……所生、所照の自覚とも言われるものです。「ありがとうございます」の一語に尽きます。

（八）謙愛謙敬……すべての人・もの・ことについて愛敬の心をもって接することの大事さを教えられます。その根本は「謙下《けんげ》の心」です。

以上、先生のご本から教えられつつ、私なりにまとめさせていただきました。

第五章

教育実践

一校再建の定石

森先生は、日常の実践箇条を決まって「三カ条」にまとめてくださっています。たとえば、「子どものしつけに関する三カ条」「現場再建の三カ条」のように、実践面において「三カ条」をご提起くださっています。

また自分に課した次の「旅の心得三カ条」も見事なものです。

(一) 汽車は一等席に乗らぬこと

(二) 荷物は持ってもらわぬこと

(三) 車は校内に乗り入れぬこと

先生はこうした実践三カ条を守り抜かれ、神戸大学定年退職後、年間二百日に及ぶ旅の五年間を貫き通されました。

さて本論の主題について先生が「一校再建の定石」として示されたものは

(一) 朝のあいさつの徹底

（二）靴箱の靴のかかとが一直線に揃うこと
（三）全校の紙屑がなくなること

の三カ条です。しかも付け加えて「この三カ条を長たる人が、一人静かに黙々と実践することによって、全校はいつしか軌道に乗り出すんですからね。まったく不思議というほかないですよ」と、微笑まれつつ語られました。

このように現実のツボを適確に押さえられる点、実にお見事な明知明眼のお方と申さざるを得ません。

森先生在世のころ、全国各地に「学校づくりの名人」とも言うべき方がおられました。森先生はそうした方々をお訪ねするごとにその見事さに驚かれ、よく読書会や研修会等でご紹介くださいました。

森先生から教わった「学校づくりの定石」を校長自ら着実に実践し続けておれば、必ずや学校は軌道に乗ってくるようであります。先生は、その幾多の実証をご披露くださいました。これは学校づくりに限らず、会社づくりにおいても言えることでございましょう。

現実改革の着手点

森先生いわく、「真理は現実の唯中にあり。かくして全身心をもって把握せられた真理は、また現実改革の真理を内蔵せるものなり」と。

こうした見地からの進言として、「仏教再興の道」というお話をお聴きしたことがあります。次のような内容です。

（一）寺院は鐘を正しくつくだけでも、最低限その存在価値はあろうと思います。つまり鐘の音《ね》こそ広大無辺の説教であり、諸行の無常なることを下手な説教以上に分からすことができましょう。

（二）春秋の彼岸と土用と寒中に托鉢《たくはつ》して、それを社会事業に寄付すること。

この二本立てで、仏教再建の歩みが始まることでしょう。

こうした着手点のご指示こそ、何よりもありがたいことです。わたくしが先生に全傾倒申し上げたのも、こうした日常眼前の瑣事《さじ》のご指導によるものです。

次にまた忘れがたいご高見として思い出すのは、「大学改革の一つとして申し上げたいことは、その大学の出身者を母校に採用しないということでしょう。それによって後継者の選択は、かなりな程度まで情実の弊から免れうるでありましょう」というお言葉です。

この二つの事例をもってしても、先生の優れた洞察力に敬服せざるを得ません。ところで、先生はかつて広島高師の卒業期を控えたころ、「師範教育の改革論」をある機関誌に寄稿なされました。これを見た教授先生は驚き、模範たるべき優等生は呼び出されて忠告されたとのことでした。

「奠都論《てんと》」を早くより唱えられたことも忘れがたいものがあります。「今や東京は、その人口が世界最大のみならず、政治・経済・文化等の一切を貪《むさぼ》り集めている。その上、出版事業までも東京独占です。これ私が『奠都論』を唱えざるを得ないゆえんです」と。

先生は現実的真理の明眼者であるだけに、現実改革の先駆者でもあったのです。

「培其根」

教職最後の七年間を小学校教育に捧げられた東井義雄《とういよしお》先生の「校長室だより」をまとめられたものが、この「培其根《ばいきこん》」叢書《そうしょ》と称する一連の教育記録です。

森信三先生はこれを推薦して、「(一)児童、(二)教師、(三)校長という三層にわたる教育的生命の相呼応する一大交響曲の記録と言ってよいであろう」とご指摘の上、「わが国教育界が永く後世に伝うべき〝至宝〟の名に値しよう」と絶賛しておられます。

しかも「この貴重な資料が氏ご自身の筆跡そのままに、写真版として復元すべきことこそ望ましい」と言われました。

それゆえ、明治図書が活字で復刻されたのに反し、東井先生のガリ版の書体そのままを先生のご指示のままに複写された真の味わいは格別のものがあります。

こうしたところにも、先生の炯眼《けいがん》の透徹が感じられてなりません。

申し遅れましたが、「培其根」とはその根を培うという意味で、東井先生の著名な語録の一つである「根を養えば樹はおのづから育つ」と同義の言葉です。

私も森信三先生とのご縁をいただくと同時に、教育界にまったく無縁であったにもかかわらず、日本教育界の至宝とも言うべき東井義雄先生や徳永康起先生、小椋正人《おぐらまさと》先生、小関公雄《おぜききみお》先生、上村秀男《かみむらひでお》先生をはじめとする全国の著名な教師軍団の先生方とも道縁を賜りました。これはありがたさの極みでございます。

○教育とは人生の生き方の種まきなり。
○いのちの呼応なくして何ぞ教育あらんや。
○真の教育は、何よりもまず教師自身が、自らの心願を立てることから始まる。
○人はすべからく「終生の師」を持つべし。
○日常の雑事雑用を軽んじては、真の哲学や宗教の世界には入りえない。

――等々、この「培其根」から数多くの学びに接することができました。

「立腰教育」雑感

森信三先生は、二十一世紀を迎えずして一九九二年十一月二十一日、九十七歳のご生涯を終えられました。

最晩年を迎えられる五年前、「二十一世紀の教育において何が一番大事でしょうか」とお尋ねいたしましたところ、「それは君、立腰教育だよ」と直ちにお答えくださいました。

それを伺って、それほど身心相即の理に基づいて腰骨を立てる教育が最も優先されるべきことかと、改めて感じ取ることができました。

そもそも腰骨を立てる教育は、古来、日本に伝わる禅の伝統ですが、それを近代化されたのが、岡田虎二郎先生による「静坐法」でした。そして、その静坐を教育に生かしたのが、森信三先生提唱の「立腰教育」なのだと理解しております。

とすれば、立腰の淵源《えんげん》は禅の伝統に根ざしつつ、いま一層広く、深く、民族全体に普及徹底すべき時代の急務となりつつある気がしてなりません。

思えば、身心相即とは、身体の立腰が直ちに心の立腰につながることを意味します。平たく言えば、心をシャンとしたいと思えば、身体の姿勢その要所急所たる腰骨を常時立てなさいということです。

私はいつも、腰骨を立てる要領をいつか先生から教わったままに白板に図示することを続けておりますが、どれだけ自得していただいていることでありましょうか。

腰椎をおへそのほうへ突き出すと同時にお尻を後ろに突き出す——この要領です。要するに、五つの腰椎の弓を張る気持ちです。

森信三先生は、十五歳のときに岡田虎二郎先生の偉容に接して以来、終生これを行持なされました。私は森信三先生から伝授の三十八歳のとき以来で、遅まきながらの精進ですが、今日までこれを続けております。

「午前五時間制」の提言

　昭和三十年八月十四日から十八日にかけて、開顕社の第二回夏季研修会が尼崎開明小学校で開かれました。この記録内容は、今は亡き登尾仙太郎氏のご丹誠の結晶である『研修会五十六回史』（続全集第七巻）によるものです。

　この夏季研修会の開かれた昭和三十年は敗戦後満十年にあたります。このとき先生は「教育再建の革命的方途――午前五時間制をめぐって」と題してご講演なさいました。この抄録を拝読すると、なかなか熱情の込められたもので、いまもその気迫が惻々と伝ってくるのを感じます。

　その抄録の一部をここに掲げますが、先生の創唱はまさに日本教育史を画する歴史的創見であると感じるしだいです。

○「午前五時間制」は、私の教育観のある面における一代の結論である。

○「午前五時間制」というものを考え出したのは、内容的には例の「釜石《かまいし》鉱山学園」の教育の持つ異常な卓越性による。
○「午前五時間制」では、午前中は全緊張、午後は全解放。午前と午後をはっきりさせる。私流の二元を介して一元をつかむということ。
○「午前五時間制」は教師の側から言えば、研修の時間にあてたい。生徒の側から言えば、宿題から解放するため、学校でやらせたい。
○「午前五時間制」は私の教育的生涯の圧縮であり、結論である。これの普及に私の晩年のすべてを賭けたい。

この午前五時間制による実践校の成果については拝聴する機会を失しておりますが、先生の革新的意欲の窺われる提言で、こうしたところにも先生のご性格の一面が窺知できるものと思われます。これも「奠都論」とともに忘れえないものがあります。

こしぼね先生

腰骨をシャンと立てろ
「下はらに力をいれて
腰骨をシャンと立ててごらん
かたやむねに力を入れないで
あごをひきましょう
いすにかけるときは
おしりをぐっとうしろにひいて
すわりましょう
すばらしい姿勢です
健康体の基盤です
前頭葉がすんできます

あなたのわがままに勝てる姿勢です
あなた自身を見なおせる姿勢です
きびしい世の中をのりきる姿勢です」

この詩は、かつて堺に在住されていた菱木秀雄先生がつくられたものです。実に優しく温かい詩です。森信三先生も、この「腰骨」の詩をたいへん推賞されました。そして「腰骨を立てる教育に対する菱木秀雄氏の認識は、同志のうちでも最も深い一人と言ってよいであろう」と仰言いました。

そして立腰教育を入学式の当日から着手すべきであるとして、「もしこの好機を逸すれば、教育の指導力は半減するであろう」とさえ仰言っておられるのです。

菱木先生は、入学してから四月いっぱいは、毎朝第一時限のはじめに一人ひとりの子どもの腰骨に手を当てて指導しておられます。それで二学期には「こしぼね先生」というニックネームがついたとのお話です。

また菱木先生は、学年末の終業式の当日、受け持ちの子らに対して次のようにあいさつをしたといいます。

「菱木先生という名前は忘れてもよい、しかしこしぼね先生という名は、忘れないように——」

「この一事をもってしても、氏の腰骨を立てる教育に対する取り組みのほどが窺えるわけである」

と、森先生は結んでおられます。

これを見ても、森先生がいかに菱木先生の立腰教育への取り組みを激賞しておられたかお分かりいただけるでしょう。

私は菱木秀雄先生と親しかっただけに、この一文をここに掲げて氏の面影を改めて懐かしく思うのです。

『下学雑話』

私の手元にあります『下学雑話』の扉書きには昭和四十一年八月十二日と記され、さらに「森信三先生わざわざ天理「憩《いこい》の家」病院にて長男を見舞いに参上くだされ、その際、拝受せし書なり」と但し書きがしてあります。

私の長男喜平が大阪学芸大学付属中学のとき、富士登山に同行し、体調急変、帰阪し、直ちに入院中のときでした。その日は実践人隠岐《おき》研修が行われ、私も参加を予定しておりましたが欠席やむなきに至りました。

それゆえ、研修の直後に、森先生がお見舞いに駆けつけてくださったことには恐縮し、痛み入りました。

その際、恵与くださったこの一冊は、とりわけ心に残る印象深い書となりました。消灯後、廊下の残置灯のもと、立ち尽くし拝読した記憶がよみがえります。一語一語、肺腑《はいふ》に迫るがごとき感動を覚えました。

それ以来、四十数年を経過した現在にても一向にその感動が衰えないどころか、むしろ高まっておりますのは、さすがに一語一語に包含される内容の深さに由来するものでありましょう。

『下学雑話』は先生が天王寺師範に在職中、主として専攻科生に話された内容を、当時聴講生のお一人だった太平馨《かおる》氏が筆録なさったものです。いまそのうちよりいくつかを引用いたしましょう。

○自分の位置を人と比較せぬがよし。一切の悩みは比較より生ず。
○肉体の弾力は年とともに衰えるも、精神の弾力は怠らざれば年とともに増大す。
○人はすべからく終生の師を持つべし。
○世の中は縁と受け持ちなりと知るべし。
○批評眼は持つべし。されど批評的態度は慎しむべし。
○人間下坐の経験なきものは、いまだ試験済みの人間と言うを得ず。
○書物の購入は、そのつど一冊なるを可とす。

○修身とは、生涯稽古の覚悟をいう。

○人間何事にもまず十年の辛抱肝要なり。抜くべからず、奪うべからずは基礎大事なり。

「森信三先生一問一答録」

ＤＶＤ「森信三先生一問一答録」は、致知出版社によって再録販売に踏み切っていただいた貴重な記録です。ＤＶＤの収録がされたのは昭和六十二年七月で、森信三先生御年《おんとし》九十二歳のころ、思えば逝去される五年前のことです。

午前午後にわたり、終日にこやかに対応してくださり、それぞれの質問にお答えくださいました。質問者は、当時の「実践人の家」理事長の重田敏夫先生と、常務理事を拝命中の不肖私で、撮影担当は金谷卓治氏です。

いま改めて拝見しますと、次のとおりの五部構成でお答えいただいております。

（一）全ご生涯を省みて
（二）教育の基盤について
（三）学問のあり方について
（四）人間の生き方について

（五）二十一世紀と日本の将来について

先生の凝縮せられた優れた一語の数々が映像のまま拝聴でき、感慨を新たにいたしました。

たとえば大阪天王寺師範の一教諭としての十三年間は、先生にとって不如意にして不遇の期間と思われるのですが、この大阪時代により一代の学問の基盤形成を果たしえただけでなく、歴史的名著の誉れ高き『修身教授録』を残されました。

また満洲新京の建国大学在職中に終戦を迎えられ、幾多死生の間を彷徨《ほうこう》されて帰国された直後、「学者にあらず、宗教家にあらず、はたまた教育者にもあらず、ただ宿縁に導かれて国民教育者の友としてこの世の生を終えむ」という「自銘」の句を残しておられますが、これはまさに謙譲極まりなき決意の表明であります。

またお答えの中で「生涯をかえりみまして、私自身ご恩返しがまったくできておりません。元金返済はもとよりその利息の返済として、一日三枚のはがきを日課としています」とお答えくださいました。

なんという地を這うがごとき謙下のお気持ちかと、畏れ入り拝聴いたしました。

明治人とは——

先生は、「明治人とは、明治の御代《みよ》に生まれた人を指すのではありません。少なくとも明治十年までに生まれた人を言うのです。何となれば、明治五年学制発布以前と以後とは違うのです」と仰言いました。

また、「芦田恵之助先生は明治六年のお生まれですから生粋《きっすい》の明治人です」ともお聴きしたことがあります。

学区制が整い、学校制度が整備されて、学習が容易になるにつれて、真の学習意欲が低下するのでありましょうか。そうすると時代が便利になり学習機器が容易に扱えるようになった現代は、明治人の持つ気骨そのものと格段の差がありと思われてなりません。

森信三先生はかつて好きな作家として、三人の名をあげられました。幸田露伴、永井荷風、谷崎潤一郎の三人です。いずれも明治人ですが、幸田露伴は人間として、永井荷風は生き方として、谷崎潤一郎は作風として大いに関心と敬意を抱かれました。

また森銑三という方にも異常な注目をお持ちのようでした。何しろ明治人の研究にはこの人に勝る方はおられないのではないでしょうか。

森銑三氏は森信三先生の全集を持っておられ、高い評価をくだされました。

即今着手

先生はこう仰言いました。

「われわれ人間は、日々自分の当面する事務的な事柄や世俗的な雑事の重圧をいかにして切り抜けたらよいか——という問題は、私たちの日常生活の上でたいへん大事なことです」

「ではどうすればいいかと言うに、それは原則的には、すぐその場で片づけるということです。おっくうがる心を常に断ち切ることが大切です。いうなれば、即今着手の心構えです」

この「即今着手」の四文字は、いまや私のお守りとなっており、大阪中之島の天分塾でも塾生仲間の合言葉となっております。

先生の発せられる四文字熟語の魅力は、また格別なものがあります。八十歳を過ぎたら「行動俊敏」にとか、「只管あいさつ」、「腰骨竪立《じゅりつ》」——等々。とにかく行動は叡智の賜《たまもの》です。先生の目指すものはすべて叡智と実践の一体化でありました。

また、先生の目指されるのは「自証化他」であり、学問と倫理、宗教と教育の一体融合されたものです。探求してやまないものは、「宇宙生命」とも「全一生命」とも呼ばれるものであり、信じてやまないものは、絶対不可避なることは「絶対必然」にして「絶対最善」である、と。これが「信」なるものの表現であります。

静坐の易行道《いぎょうどう》として「十息静坐」を提唱なされ、授業においては「瞑目静坐」の言葉かけも実践を重ねられました。

思えば吉田松陰先生も、「士規七則《しきしちそく》」において「師恩友益」と「読書尚友《どくしょしょうゆう》」の四文字の名言を残しておられます。

四文字をもって端的に事実的真理を把握表現されるならば、これに勝るものはなく、まさに東洋的叡智とも申せましょう。「着眼大局・着手小局」の四文字熟語も、私の好きな一語です。

第六章　美と静観

早春の花

森先生は生まれつき花がお好きなようでした。とりわけ早春の花を好まれ、さんしゅゆの花を第一とされました。早春三月のはじめごろに咲く、黄色の小米《こごめ》みたいな小さな花です。枝は親指大くらいの太さで、幹もあまり太くなく、腕くらいの太さ。とにかく気品があり、これが先生の好みに合うようでした。

鮮麗《せんれい》な黄色がまばゆいばかりの黄梅《おうばい》もお好きでした。先生も人生の晩年を迎えられて、こうした鮮麗な色の花を好まれるようになりました。

また、連翹《れんぎょう》の目の覚めるような黄色もお好きでしたが、これは「ある程度の距離を距《へだ》てて遠望したほうが見事である」と仰言いました。

早春の花に限らず、雁来紅《がんらいこう》もお好きで、秋になってその葉がしだいに透けてくる趣には、とりわけこの世ならぬものを感じられたようです。

終戦後、満洲から引き揚げてこられた先生にとって、日本の花のたたずまいほど心慰まれることはなかったようです。それは次にあげる歌からも明らかです。

さんしいの花

○南陽《みなみひ》の充の足らひたるこの室《へや》に　さんしい活けし心をおもふ
○早春の花の王者と幾久《いくひさ》に　思《も》ひ来《こ》しものかさんしいの花
○気高《けだか》しといふも尚足りずこの花の　もてる気品は何にたぐへむ
○俗気というもの微塵《みじん》だになきこの花を　好むとわれにいふ資格ありや
○弘道館の玄関横にこの花の　老樹ありけるをわれの忘れぬ

（歌集『国あらたまる』より）

＊さんしゅゆのことを「さんしい」ともいう。

読書の傍線

先生は読書の際の傍線の引き方一つにも、独特の型をもって対処しておられました。エンピツも三菱鉛筆に特注され、赤・黒の半々のものを利用されていました。

傍線の引き方としては、(一) 黒の点線、(二) 黒の直線、(三) 赤の点線、(四) 赤の直線というふうに、重要度に応じて区別されていたようです。最重要な箇処は赤の直線を引くということです。

また車中の読書は乗車して一分以内に始めるように心がけ、二分以内に読み出さないならば衰えた証拠であるから要注意と自己判断されていたようです。

なお読書購入の注意としては、一度に一冊に限ると言われ、同時に二冊、三冊と求めないのを原則とされ、私どもにもご注意くださいました。

なお購入した書物は、帰宅するまでに社内もしくは車中にてすぐさま二、三十ページを読了されました。すなわち即今着手、切り込んでおくことが何より肝要であるということです。そうでないと、入手しただけで安心して放置したままになりがちであるとのことでした。

なお、書籍購入の際の注意として、一冊を手にして随意に三カ所を見開き、そのつど感動すべき語句に接しないならば、自分にとって縁なき書物とあきらめるがよかろうと実に細やかなご注意をいただきました。

要するに、読書は書物の選択を誤らぬのが根本第一義であると強調されたのです。しかし、そうした鑑識眼を身につけること自体容易ならぬことで、一種の人生修業と言ってもよいとの仰せでした。

さて人文・精神の学において、真の良書とはいかなるものをいうのでしょうか。これについて先生はこう仰言っています。

「それは読む者をして深い感動を与えるような書物と言ってよかろう。しかし読者に深い感動を与えるためには著者自身が内に深い生命の感動を持っていなければならぬとは理の当然であろう」と。

養父の肩引き荷車姿

森先生は養父について、次のようにしみじみと回想されておられます。

「毎年秋の暮れごろになると、仕上がった米俵《こめだわら》を荷車に積み、肩引きにして、地主のところへ納めに行った後ろ姿が、六十余年の今日でもいまなお私の眼底に焼きついて消えません」

また、愛知第一師範の寄宿舎へ入寮する際、森先生の寝具をはじめ、用度品一切を肩引き車に積み込み、徒歩で十数里の道を運んでくれたことを、いまに残る日誌に次のようにきちょうめんな字で筆書しておられます。

「午後四時頃入舎。直チニ上級ノ人ニ校内ヲ案内シテモラヘリ。（中略）父上居マシテ、皆サンコレハ真ニ不行届キモノデスカラ、何分ヨロシク」ト。児ヲ思フ慈愛ノ念。五十路へ足ヲフミカケラレシ父上ガ、十里ノ道ヲ遠シトセズ、荷ヲ持チ来ラレシ。有難ク涙ニムセビタリ」

「私は両親の不縁のため、数え三歳のとき、森家へ養子にもらわれることになりました。森家は文字どおりの水呑《みずの》み百姓《びゃくしょう》であって自作農ではありませんでした。しかし養父母ともに、人間として実にまともな律義な人であって、その後自分が年をとるとともに、忝《かたじけな》い限りに思うのです。それゆえ『全集』の巻首に特に養父母の写真を掲げ、せめてもの謝意と詫びとに代えたいと思いました」とも述べておられます。

晩年の先生は、養父母のことを語られるごとに嗚咽《おえつ》し、しばし言葉になりませんでした。

たらちねの親はもあらぬ古里に　還り来りて佇《たた》ずむわれは

不尽先生「日録抄」

「日録抄」と「書翰集」それに加えて「随想集」は、著者の「全集」には欠かせぬものであることをかねて森先生から拝聴しておりました。

そうした意味において、先生の「日録集」のほんの一部をここに取り上げさせていただくことは、毫毛の一つに過ぎなくとも、無意味なことではなかろうと思います。

昭和五十一年十月一日　終日家居『理想の小学校教師像』の最終的手入れに没頭。秋冷の気ようやく身に沁《し》むに至る。夜十一時過ぎより床上読書の人となり、最近塩尻公明《しおじりこうめい》氏より贈られし『老春と青春』を読む。そして七年間同僚として過ごしたよりも、この一冊の書物のほうが、かえってよく氏の真面目を窺いうるとも言える。書物というものの独自の意味を改めて痛感す。

十月二日　午前中『理想の小学校教師像』の手入れに没頭。午後より夜にかけて、たまっていた手紙の返事書きに没頭。ハガキと封書をつごう三十数通を書き上ぐ。そしてまた深更《しんこう》『理想の小学校教師像』の手入れを続ける。体の調子ようやく旧に復せるがごとし。

十月三日　起床七時半。例により今日も『理想の小学校教師像』の最後の仕上げ補訂に没頭。夕方四時半に至り、それをやめて阪急六甲に向かう。今夕五時半より竹内好《たけうちよしみ》氏の歓迎会に臨む。竹内氏の発言は終始誠実にして心より好感が持てたり。やはり現代のわが国の思想家の中では、最も誠実な人と思われる。九時半に至って散会。氏を阪急六甲に見送りて帰宅。就寝十一時半を過ぐ。

——以上、まさに九牛の一毛に過ぎぬ日記抄ながら神戸大学定年退官の年（六十五歳）の抄録の一端です。

松井立身先生

森先生が小学校時代に最も印象深い感化を受けたのは、松井立身先生でした。松井先生は旧刈谷《かりや》藩の武士だった方で、藩主の学友に選ばれただけあって実に気品があり、しかも優しいお人柄でした。松井先生に教わったのは小学一、二年の二カ年だけでしたが、森先生の人生に一つの大事な種子がまかれたようです。

松井先生は「修身」の授業の折、楠公《なんこう》父子訣《わか》れの桜井の駅の話をされるたびに落涙されました。白皙《はくせき》のお顔が少し紅《あか》くなったかと思うと、やがて一筋の光るものが先生の頰《ほお》を伝って流れました。それをいつも真っ白なハンカチで静かに拭《ぬぐ》われつつ、「これでも昔は二本差したものだから、他人事《ひとごと》とは思われんで――」と、いつも話されました。

そのように松井先生の思い出を語られる森先生自身も涙ぐんでおられるのです。

この松井先生から、信三少年の作文はよくほめられたようです。そのためか、少年のころから作文を書くことはずいぶん好きで、得意だったようです。

いま一つ、森信三先生は恩愛深かりし養父母のことを語られるごとに目に涙し、声を詰まらせました。先生は数え三歳のとき、岩滑《やなべ》村の農家である森家へ養子としてもらわれてゆきました。実家の端山家と養家の森家とは、何の面識すらない間柄であり、森家は小作農で、両家の家柄の差は格別だったようです。

森家の養子となった先生は、まるで落胤《らくいん》でも育てるように大事にされました。養父母は幼い先生のために鶏を飼い、ドジョウを捕ってきては食べさせ、喘息《ぜんそく》気味だったため長期にわたり医者に連れていくなど、貧しい生活の中でできる限りのことを尽くしてくださったようです。

晩年『幻の講話』の巻頭に、「この書を恩愛深かりし養父母に捧ぐ」という献辞が記されております。最晩年、講演の最中でも、先生は養父母の思い出を語るとき、感極まってしばしば絶句されるほどでした。

置土産

先生いわく、「人生におけるわが生涯の最後にご厄介になった神戸大学教育学部に対して、何らかの記念の品を残したいと願っていましたが、退職に先立つ五年前に、すでにその用意ができました。西宮の植木屋で〝五輪の塔〟と〝浮き彫りの地蔵さん〟を入手しておきました。地蔵さんのほうは手元に置き、〝五輪の塔〟は、大学当局のご了解を得て退職記念に安置していただきました」と。

手元に置かれた地蔵さんは、おそらく室町時代のものと思われる磨崖仏《まがいぶつ》で、一時、南千里の庭の一隅に安置されておりましたが、同和地区転居の際、運び込まれ、入り口近くに置いてありました。いまは「実践人の家」が建立されて、その塀の一隅に安置されております。その地域の方々から愛されて供花の絶え間なく、夏には地蔵まつりも開かれております。

五輪の塔も、かつては神大の玄関広場から移動されて運動場の物置場に移動、放置されている状態でしたが、いまでは実践人の家の庭の一隅に建立されていま す。

このように、時代とともに変遷の歴史を伝える必要があるように思われてなりません。やはり物事について語りべの存在が欠かせないとも申せます。

先生の『修身教授録』の中に、最終講として「置土産《おきみやげ》」という講義の一節があります。

「われわれ人間は、ほんとうはただ一度しかない生に対する心構えを、生涯における幾つかの段階において、ある程度会得《えとく》しようとする工夫がなくてはなりますまい。もしこの工夫を怠るならば、その人は、この世の生活を真に充実して送ることはできないでしょう」

これが十三年間にわたる大阪時代を去るにあたり、先生が述べられた言葉であります。そしていま、かつてお聴きした「永訣《えいけつ》の予行演習」という強烈な言葉を思います。

マヒの右手もて――

（金谷卓治様あて）

拝

はろばろとわが故里を訪《と》ひませし
御文《みふみ》を読みて涙とどめかねつ

おハガキ――ただ一枚のおハガキながら、数十通の手紙にも勝って、深い感動に打たれました。それと申すのも、そこに記されている事柄の重大性によってです。はるばると愛知県知多半島の、しかも片田舎《かたいなか》なる僻村《へきそん》「岩滑《やなべ》」を、わざわざ体を運んでお訪ねくださったばかりか、その地に現在住んでいる人々のうち、私にとって最もゆかり深き人々を――一人も漏らさず――お訪ねくださったわけであって、これにはまったく驚倒感動の極みであって、ただただ「神業」としか思われません。

それゆえ右手マヒゆえ拙《つたな》く遅々たる筆の運びながら、これらの方々には――今日ではすべての方にハガキで済まさせていただいていますが、それでは心が許しませんので――手紙をもってごあいさつさせていただこうと思います。そして手はじめがあなたへのこの手紙なわけです。たどたどしい拙い文字ですが、何とぞご寛恕《かんじょ》のほどを

マヒの右手もて　拝白

昭和58・10・25付

あえてここに引用させていただきましたが、年来の親友の金谷様という方はこういう方で、先生から依頼を受けたわけでもないのに、森先生の故里を単身訪ね、先生とゆかり深き方々を訪ねておられるのです。

このことを知り、なんと心深き方かと驚きましたが、森先生の深謝の思いがまた格別なものがあり、その衷情《ちゅうじょう》がこの文面に表れております。そこで、あえてこの一通を取り上げさせていただきました。

郷里の幼友達

先生の郷里にお住まいの遠藤秀造さんを、金谷さんとお訪ねしたことがあります。遠藤さんは先生の幼友達《おさな》で、小学校時代の同級生です。先生と同じく、幼時にもらわれてきたという関係もあって、特に親しかったようです。

「森君はねえ、勉強がよくできて、一、二を争ったがどうしても勝てなかったね。いつも森君は一番、私は二番でしたね。背は低いが、負けん気だけは人一倍強かったよ」とお話しくださいました。

遠藤さんは中学卒業後、上海の東亜同文書院に入り、卒業後は中国各地の領事館に勤めました。終戦後内地へ引き揚げてからは、推《お》されて半田の市会議員となり、さらに愛知大学における『日中大辞典』の編集委員となり数年間没頭し、私たちがお訪ねしたときは悠々自適にお暮らしでした。

「戦前、戦局も厳しくなったころ、旧満州の建国大学に森君を訪ね、一夜を語り明かしたことがありますよ。とにかく森君も辛酸苦労をなめ、よくぞ生きて帰られましたね。いまは病床の身のようですが、彼は幾多の逆境の大節《おおふし》を乗り越えた人ですからね」

いまお一人、先生からお聞きした方で忘れがたいのは、森英純《もりえいじゅん》氏のことです。幼きころ、先生の檀那寺《だんなでら》である常福院の小僧さんに来られた人で、年は一つ上。同級生ではなかったようですが、非常に真面目で大した勉強家で、先生とはとりわけ親しかったようです。

先生は師範へ入り、この方は名古屋の中学を出て、先生が京都大学に入ったころ、氏は本山の西山専門学校を出、その教官を務めたのちに校長となり、さらに西山短期大学の学長として令名を馳せました。そののちには、西山派における唯一人の最高の学僧となられたとのことです。

なんと郷里常福院の小僧さんが、のちの仏教界において名立たる長老になられたかと、印象深くお聴きしたのでした。

モディリアーニ展

かつて京都の近代美術館にて、一カ月にわたりモディリアーニの特別展覧会が催されていました。その期間中、私は三度も森信三先生に随行して拝観いたしました。これは私にとって忘れえぬ思い出の一つです。

森信三先生は『幻の講話』の執筆中で、ご多用のさなか三度も京都へ足を運ばれたのです。そしてそのつど、私をお誘いくださったことは、あに偶然ならんやとの思いがいたします。いかばかり森信三先生が特異な画家モディリアーニにご執心であったか、ご想像いただけましょう。

モディリアーニについて、おぼつかない記憶を辿り、ご参考までに述べますれば、国籍はイタリア人で、パリに移住、三十五歳で画家としての生涯を終えました。絵のほとんどが肖像画で、顔と首が異様に長いのが特徴です。

かつて大阪市が何千億円を投じて三百号ほどの裸婦を購入、市立天王寺美術館に収められ、話題を呼びました。

三度目の入館時、森先生は一枚の首の長い婦人像の前に立ち、「この一枚の作品を見るために、わざわざ三度目の足を運んだ」として、しばし立ち尽くしておられました。私もモディリアーニの絵は嫌いではないのですが、先生の興味関心には及びがたいのは申すまでもありません。

三回目のそのあと、先生とともに五条坂の河井寛次郎記念館に立ち寄りました。館内を一巡して、先生は「私の一番心に残る作品は、この陶芸の硯石《すずりいし》ですね」とさりげなく仰言いました。

私には解しがたいことですが、森信三先生というお方は、魯山人《ろさんじん》に劣らぬ深い鑑識眼をお持ちの方であったとお察しするばかりです。

その帰り道、一軒の骨董品店へ入り、一箇の大壺を求められ、日ごろのお礼だと私に恵与くださいました。

「契縁録」の数々

そもそも「契縁録」第一巻は、昭和四十四年七月に綱沢昌永《つなさわまさなが》氏をはじめとする「尼崎グループ」の方々のご丹誠によって発行されております。これは『森信三全集』二十五巻完結記念として、祝賀大会の代わりに、との森先生の切なる願いから発行されたものです。しかも先生と道縁を結ばれるまでのミニ自伝として書くようにとのお達しでした。

次なる「契縁録」(第二巻)は、昭和五十九年七月発行となっております。森信三先生の米寿の年にあたり、『続全集』八巻の完結を記念して刊行されたものです。

続いて「契縁録」(第三巻)は、平成四年五月の発行で、森信三先生のますますのご長寿をこい願い、刊行されました。

その当時、森先生はすでに病床に伏しておられ、療養の日々を重ねておられましたが、同年十一月二十一日、九十七歳の天寿を全うされ、ご逝去なされました。かねて、森信三先生は、「全集はこの地上に残しておくが、この『契縁録』だけは、あの世まで持ってゆかねばならぬ」「幾十たびとなく繰り返し繙いて飽くことを知らぬ私の愛読書はついにこの一巻です」とよく仰言いました。

このお言葉からも、先生が生涯かけて人間の生き方を探求され、しかもその真摯な生き方に共鳴感化された全国に及ぶご縁深き方々一人ひとりをいかに大切にし、熱誠込めて対応されたかが窺い知れます。

なお「契縁録」のほかに「余光録」を同時発行いたしておりますことと、生誕一一五年を期して平成二十二年八月に「道縁録」が発行されていることをお伝えし、恩光ただならぬ同志道友の景仰録として記憶にとどめたいと思います。

歌集『旅人』

先生は歌人としても若き日より習作に親しまれました。鋭敏な感性の結晶としての清澄《せいちょう》なリズムは、人の心を打つものがございます。

全集に掲載されている歌集の題名をあげると、「半生」「国あらたまる」「旅人」「ひとすじの道」となっており、そのうち単行本としての既刊は『国あらたまる』のみで、あとは未刊歌集となっております。

歌集『国あらたまる』は、終戦後、幾多の辛酸をなめて帰国され、しばらくは一定の職にも就かず、求められるままに全国を旅に明け暮れた時期に詠《よ》んだ歌の数々がまとめられたものです。敗戦後の日本の状態がよくとらえられております。

やがて縁あって篠山《ささやま》農林専門学校に英語の教師として勤められ、また神戸大学教育学部教授を退官されるや、全国教育行脚《あんぎゃ》の旅に出られる機会が多くなりました。その時期に詠まれた歌が、歌集『旅人』に収められています。

ところで全国にわたる教育行脚が自由にできたのは、奥様が長期にわたる入院治療に及ばれたためとも言えましょう。また、旅によって得られた貴重な縁の賜で『全集』発行も成就ならしめたと申せましょう。

その旅の先々において結ばれた方々を歌い上げられた歌集『旅人』に、私は一番心引かれるものがあります。芭蕉の句「旅人とわが名呼ばれん初時雨」の心懐に通ずるものが感じられてなりません。また、行乞《ぎょうこつ》の旅を続けた山頭火の流浪《るろう》の詩情にも通うものが思いやられます。一首ごとに慕情の念の切々たるを感じてやみません。ここに数首、ご紹介いたしましょう。

○明治以後われらが民族に斯《か》くばかり清《すが》しき　生命かつて在《あ》れしや
○草木塔よつね恋ひつつもつひに来し　涙ながれてせむ術《すべ》もなき
○豪雪の積みて消え去る君が家に　はろばろとわが今日来つるかも
○心底よりこころの通ふ友ひとり　故里にしてもてる幸ひ
○みすずかる信濃《しなの》の宿のひと室《へや》に　遺書をかくがに書《ふみ》かき暮らす

第七章　日常生活

レールは二本、実践二カ条

かつて釜山《プサン》からソウルまで韓国を縦貫する新幹線に乗車したことがあります。そのとき、安定感といい、快適感といい、設備その他において、いかに日本の新幹線が優れているかを痛感しました。

そこで森信三先生の切れのいい言葉を思い出します。先生は仰言いました。「世界に誇るべき日本の新幹線といえども、レールは二本です。それゆえ私どもは、常日ごろ、レールは二本、実践二カ条を忘れてはなりません」と。

では、実践二カ条とは何かと言えば、それは「掃除」と「礼」と言えましょう。「掃除」は場の浄化であり、「礼」は人間関係の規正につながると先生は教えられています。

これは家庭や学校など、あらゆる職場に通ずる二大鉄則と申せましょう。いま改めて、「レールは二本、実践二カ条」の標語の威力に感動すら覚えます。

掃除については、すでに「日本を美しくする会」相談役の鍵山秀三郎先生から教えられるところは甚大です。鍵山先生は、学校のトイレをお借りしての掃除研修を全国規模で普及されています。また「一つ拾えば一つだけキレイになる」のお教えは、私の胸裡《きょうり》にズバリと響く真言となっております。

かつて森先生から「足元のゴミ一つ拾えなくて何が実践ですか」とお叱りを受けたことがありますが、それ以来私は小さな勇気を奮って、紙屑一つ、ペットボトル一個をも拾えるようになりました。

また「礼」の根本である「あいさつ率先」の教えによって、わが家の空気もいかに清新ハツラツ躍進の一歩を踏み出すことができたか痛感いたしております。

いま一度、「レールは二本、実践二カ条」「一つ拾えば一つだけキレイになる」「朝のアイサツ人より先に」を心に銘じ、実践の一歩を踏み出したいと思います。

音吐朗々

先生は執筆にあたり、机上には一切の参考書を置かれず、大判特製（42字×28行）の原稿用紙に向かい、ひたすら書き続けられました。ただ机上には、道元の『正法眼蔵』一冊を置かれるのみでした。それはなぜかと言えば、高朗なリズム感を体したいという願いがあったからです。いつも「『正法眼蔵』の一章でも音《おん》吐朗々《とろうろう》と読むべきであって、解釈を優先すべきものではない」と仰言っていました。

また先生は、「短歌や俳句でリズム感を会得すべきである。まず好きな作家の歌十首を選んで、絶えず口にすべきであり、そして自分も歌作りを試みてみるがいい」と説得されました。それゆえ、私も森信三先生のお歌は七首ぐらい空《そら》で朗誦できます。とりわけ好きなお歌をあげますと――

○みすずかる信濃の宿のひと室《へや》に　遺書《ふみ》をかくがに書かきくらす
○みいのちに触《ふ》りせざりせばおその身の　いのちいかにや生きむとやせし

五・七・五・七・七のリズム感は日本人古来の伝統芸術の源流を受け継ぐものです。

私も歌づくりを試みては、先生にご覧いただき、少し添削していただきました。しかしついに、「少し手直ししてあげてよくなるのなら直してあげるが、手のつけようがない。二年間歌づくりはやめなさい」と言われ、二年間下手な歌づくりをやめました。それで少しは、リズム感を会得させていただいたかもしれません。

かつて、短歌・俳句・語録を集めた『素読読本』を作成しました際、唯一のご忠告をいただいたのは、日本神道の「祝詞《のりと》」を巻頭第一に持ってきなさい――とのこと。その厳命に随順《ずいじゅん》いたしました。

数々のご忠言、折々の戒告を、いま想起して、ありがたさの極みです。

「書」の練磨

先生はこう仰言っています。

「私は法帖《ほうじょう》の臨書《りんしょ》というものをしたことはなく、書についてまったく自信はございません。それでも揮毫の依頼を受けますが、なるべく半切《はんせつ》の書毫はご辞退申し上げております。ただ色紙のご要望にはお応えしまして、二文字を書かせてもらいます。そこで多少とも『清虚《せいきょ》』という文字は、人にもお見せできるものではないかと思っていますし、最近、よく『清虚』と書くことにしています」

「私は書の練習という気持ちでハガキの宛名書きをしています。それに板書はまさにそのつもりで書いております。信州の篠田さんは、その板書の字をほめてくださいます」

私もこのお言葉をお聴きしましてから、板書に心して書くとともに、ハガキの宛名書きもそうした心がけに努めております。

また先生は、ご自身の書毫に朱印を押されませんでした。それは幻の師新井奥邃先生が一切落款《らっかん》されなかったからであります。

先生は、慈雲尊者と良寛の書を好まれました。そして大正から昭和にかけて生きた一人の「宗教詩人」宮崎童安さんの書を好まれました。私は童安さんの書に接する機会はまったくなかったのですが、「実践人の家」の床の間に掛けられた『いいな』の雄渾《ゆうこん》にして無心の書に心打たれました。

そして宮崎童安さんの気品高き書の真価を洞察された最高最深の認識者こそ、かの天才画家村上華岳《かがく》であったと先生からお聴きし、驚嘆敬服いたしました。かつて村上華岳の遺作展を京都四条通りの何必《かひつ》美術館にて拝観し、その高雅な作品に文字どおり跪拝《きはい》の感さえ抱いたことを思い出します。

「守拙」のこと

森先生に私がお出会いのご縁をいただいたのは、小学時代の恩師露口忠春先生のお導きでありますす。その露口先生のお仲間に、池辺正雄という先生がおられました。このお方も、森信三先生の教え子であり、森先生を敬仰する点においては全国的にも名立たる先生でした。私にとっては森門下の大先輩にあたるお方でした。

ところが、池辺先生は学校校長時代に、業半ばにして惜しくも早逝されました。その折、私は森先生から池辺先生の「追悼集」作成を命じられ、初めて編集の仕事に着手し、発行いたしました。

そうした関係で、池辺先生の一周忌の法要にお招きをいただきました。その際、先生のお宅の欄間《らんま》に掲げられた「守拙」の二字が書かれた扁額《へんがく》が目に留まりました。もちろん森信三先生の書で、信三と署名されていました。

その一語の魅力がいまも忘れがたく、心に響き刻まれております。「守拙」の意味するものがしだいに浸透し、ありがたい救いの言葉となっております。これは要するに「巧拙を超えよ」との教えです。

とかくうまく書こうとか、うまく話そうとか、とにかく人間は賢愚・優劣・勝敗にとらわれがちなもので、そうした比較相対の世界から脱しきれないものがあります。私自身、最もそうした世界に埋没しやすいタイプの人間であるのを痛感してやみません。そうした執らわれの心を一掃してくださったのが、この「守拙」の一語です。

その後、『老子経』の中に「大巧は拙なる如し」という一語のあるのも教えられました。はがき道の坂田道信《みちのぶ》先生も「はがきは下手に書こう」といつも唱えておられます。下手を重ね、日々修練を重ねておれば、自ずから気づきをいただき、自然に上達できるものでしょう。巧を願わず拙を守り、行持《ぎょうじ》道環《どうかん》を重ねるほかございません。はがきのお返事でも「拙速を旨とすべし」をモットーとし、日々精進を重ねたいものです。

山頭火のこと

先生はあるとき、ふと仰言いました。

「山頭火の句集を読むと、私は眠れなくなります。枕頭《ちんとう》の書としてはふさわしくないから、禁断の書として避けておるのです」と。

それほど山頭火の気脈に通ずるものがあるのだろうとお察ししておりました。その後、山頭火の『草木塔』の序文を読みますと、なるほどそこまで山頭火の把握において人後に落ちぬものをお持ちなのかと感銘を新たにいたしました。自己を賭けた歴史的評価なのです。

「私は、山頭火をもって、芭蕉以後の俳人で、芭蕉の精神を現代に生きたただ一人の詩人と考えています」

と先生は確信をもって訴えておられます。

そしてそれはなぜかと言えば、「第一は、彼の持つ無限の寂寥感《せきりょうかん》であり、彼の

『生』が念々死に正面し、死と対決しつつあったところにある。第二の特徴は、定型的束縛からの全的解放者だったこと」と仰言っています。「しかも一般に見られるような非定型俳句における表現の甘さや弛緩《しかん》が見られないからです」と。

先日、山口の前田敏統《としのり》氏より養心の会に招かれた際、山頭火の其中庵《ごちゅうあん》へまずお連れいただき、その参考館の入り口に建てられた句碑を拝見して改めて心打たれました。

その句碑には
「うどん供えて母よ共に頂きまする」

という句が刻まれておりました。母の位牌《いはい》を携えて行乞行脚された山頭火の真《しん》髄《ずい》に触れる一句です。

十一歳のとき、母の自死を目撃した山頭火の悲嘆のどん底とも言うべき悲しみは、生涯孤寒を味わう運命へとつながっていったことでしょう。そして山頭火の次男も自殺しているのを最近知り、業根《ごうこん》のただならぬものを感じました。

『不尽片言』

森先生の語録を初めて集録させていただいたのは、森信三先生『一日一語』でありました。私が数え五十一歳のときでした。それから第二集『生を教育に求めて』、第三集『女人開眼抄』、第四集『全一学ノート』、そして最終篇が第五集『不尽片言』です。ほぼ二年をかけて編集を終え、まとめて「不尽叢書」として編集刊行いたしました。もちろん、すべて森信三先生のご校閲をいただきました。

発行当時、『不尽片言』はあまり注目されなかったのですが、森先生はただ一人、高く評価してくださいました。そして「この真価を認めないところにわが実践人グループの偏見があるのですよね」と、つぶやかれました。

このたび本書を執筆するにあたり、『不尽片言』を読み直してみました。そして、この一冊に森先生の明眼洞察の識見が込められているのを痛感いたしました。

また、いま一人の眼力透徹の持ち主であった木村東介《とうすけ》氏を想起いたしました。木村氏は東京屈指の美術商「羽黒洞」の会長でしたが、その表具を取り扱う信州中野市の篠田和吉様が謹呈したこの『不尽片言』の題字をご覧になって、この書毫の方について語れる人に会いたいということで、私が参上し、森信三先生についてご説明申し上げました。

すると後日、「長い間私は、この世の真物と偽物を見分けることに生涯をかけてきましたが、一度森先生の著作を拝見して、近頃まれに見る真物の書と確信いたしました。私の目に狂いはありません。長谷川利行《としゆき》も宮島詠士《えいし》も斎藤真一も中山優も皆、私の目でとらえた神品です。（後略）」と、無比の確信に満ちたご芳翰《ほうかん》が届けられました。

そのときすでに森先生は筆を持つことがかなわぬ状態でしたが、その評価はありがたく、先生もひそかにご満悦のこととお察しいたしました。

これは『不尽片言』に関する忘れえぬ逸話の一節です。

独居自炊

先生の独居自炊の生活も、八十六歳の大患をもって終止符を打たれ、やむなくご三男のお宅で同居生活に入られました。思えば十年に及ぶ独居自炊の生活をご経験なされたのです。

まず食事の問題ですが、主食はもちろん玄米です。高圧釜で四、五日分を炊き上げておられました。また味噌汁は白味噌と赤味噌を並用し、なかなかの味付けでお上手でした。お菜は野菜の煮込みで、厚釜を利用して、ごぼう・にんじん・じゃが芋・こんにゃく等を一気に炊き込み、小出しで温めては召し上がっておられました。

また昼食は、よくボンカレーの袋を温めては玄米にかけてお召し上がりで、私もよくお相伴《しょうばん》させていただきました。必要に応じて外食される場合には、昼はきつねうどん、夜は七時半を過ぎた場合は駅前にて食事をすることに決めておられたようです。

そして「人間も一時期、独居自炊の経験なかるべからず」とされ、また「その体験ありてこそ一人前」ともされました。

かの先哲石田梅岩先生も、一生娶《めと》らず独居自炊を貫かれました。どうして独身を貫かれたのかと尋ねる人あれば、「道の伝承のためには家族の係累あれば障害あり」と言われました。またかの新井奥邃先生も生涯娶らず、学生諸君二十数名とともに謙和舎で過ごされました。

森先生の場合は、奥様を迎えられて三十八年のうち、ほぼ三分の一は奥様が入院中のため、別居生活でした。しかし、思えばそのために全国にわたる教育行脚ができ、それがために『全集』二十五巻、『続全集』八巻の刊行が成し遂げられたと回想しておられます。

晩年の著述に『ｉｆ《イフ》ミニ自伝抄』なるものがあります。人生の岐路において、「もしあのときに」と回顧しておられますが、絶対肯定即絶対最善こそ、先生の信仰信念の表白《ひょうはく》と申せます。

お寿司の食べ方

先生はお寿司の食べ方について、「お寿司はね。手でつまんで食べないと、食べた気がしないですね。そして盛り合わせの場合、巻き寿司から食べて、最後巻き寿司にと終わりたいですね」と仰言いました。そして、おしぼりで手を拭きながら召し上がりました。まこと微妙繊細な感性をお持ちでした。

また「みかんの食べ方」も独特で、まことに理にかなったものでした。すなわち、みかんのヘタのついたほうから爪で皮を三等分して筋をつけて皮をむき、一袋ずつ口にしては食べ終えた袋を三等分のみかんの皮の中に収め、包み込むのです。この後始末にはいつも教えられました。

この文章を書きかけております最中に、武川あけみさんから電話が入りました。そこで「いま森先生の思い出の数々を書いていますが、先生について何か印象深いエピソードを教えてほしい」と申し上げましたところ、次の二点を聞かせてくださいました。

一点は、晩年ビートルズのグラビア集を五千円で購入し、これを毎日眺めては楽しんでおられたそうです。「歌はもちろんですが、特異な服装に心留められたのでしょうか。ビートルズのメンバーの、数奇なる運命の中に成長し、詩人的才能に恵まれ、その人間愛に満ちた歌に心引かれたのでしょうか」とのお話でした。

もう一点は、特殊な鋭敏な味覚を持っておられたということです。うなぎの骨をカラ揚げにしたり、うなぎの肝を焼いたものを好まれ、武川さんはときにそれらを持参されたとのことでした。

また先生は、餡《あん》入りのお餅がお好きで、特にかしわ餅を好まれました。そのほか、あなごの箱寿司がお好きでした。さらに、そうめんがお好きで、お一人で一度に五把《わ》召し上がったのは驚きでした。

しかし特筆すべきは、食べ方がきわめて上品だったことです。箸で取り上げたそうめんの下のほうのみをお汁につけて召し上がっていたのを印象深く覚えております。

老年の性

先生いわく、「八十歳を過ぎて婆子焼庵《ばすしょうあん》の公案《こうあん》を天慮《てんりょ》によって与えられ、何とか天のお情けによって通過させていただいた」と。この深い真義について、私には理解しがたいものがあると申し上げたところ、「そりゃ君、まだ若いよ」と破《は》顔一笑《がんいっしょう》されました。私もいま、そのころの先生の年代にやっと到達しましたが、いまだ充分解しがたいものがあります。

先生には「性について」という小論があります。改めて拝読しましたが、その深くして広汎《こうはん》なることは驚きのほかありません。日本の哲学者の中で、ここまで気品を失わず書きえた人は容易に見出しがたいと言えましょう。

また「老年の性」についてよく詠じている五百木小平《いおきこへい》氏の歌集『埋《うも》れ火』を稀《け》有《う》なものとして推挙しておられます。

老年の「性」については、谷崎潤一郎ほどの文豪でない限り、散文では容易に書けないわけだが、短歌となると、「型」の持つ功徳《くどく》力によって、ある程度そのイヤラしさが軽減される――と先生からお聴きしたことがあります。

五百木小平さんは、森先生の教え子の五百木美須麻流《みすまる》氏のお父上で、先生と親しく、「老人の性」について今後も歌にするよう、先生ご自身もおすすめになったようです。

私はかつてその歌集を持っておりました。老境に入って、いま一度読んでみたいと思いますが、誰かに差し上げたのか、手元に見当たりません。

話は変わりますが、先日、実践人の家で、不尽先生の「墨蹟展」として十点を展示した際、「佛界難入　魔界難出」（「佛界入リ難ク　魔界出デ難シ」）の一幅を掲げました。これは人間の真相の一端をよく表現したものと思えます。かつて「佛魔紙一重のみ」の書幅も見た覚えがあります。

異性関係についてはいかに用心しても用心すぎることはないとも言えます。性欲については老齢とともに確かに衰えを示すでしょうが、性への関心というものは、人間生きている限りなくならぬものであると告白せざるを得ません。

不尽先生「墨蹟展」

「天分塾」の郊外学習の一環として、久しぶりに森信三先生の旧跡を訪ねることになりました。そこでせっかくお集まりいただくのならば、森先生の墨跡やありし日の写真もみていただこうと思い、前もって選択と陳列の準備をいたしました。

しかし、何しろ階上書斎二間の、しかも蔵書の書棚もあり、限られた壁面に展示するのですから、以下の展示がやっと許されるばかりでした。

○「山又山」

○「幻化」

○「佛界難入　魔界難出」

○みいのちに触《ふ》りせざりせばおぞの身の　いのちいかにや生きむとやせし

○「知者不言　言者不知」

○これの世の再び無しということを　いのちに透り知る人すくな
○いろはにほへど　つねならめ　わがよたれか　つねならむ
○天《あめ》なりやこの世の生のいや涯《はて》に　いのちの甦《よみが》へり賜《た》びし畏《か》しこさ
そして、森先生の生涯の恩師西晋一郎先生のお軸を一点展示いたしました。
○「人者神明之舎也」

かつて森先生がこう仰言ったことがあります。

「私の死後、この実践人の家を訪ねて〝森とは一体どんな人間だった〟と尋ねる人があったら〝西洋哲学を学んだがもう一つピッタリせず、ついに『全一学《ぜんいつがく》』に到達して初めて安定したが、それ以外にはただ石が好きだった〟と答えてほしい」と。

この日も三十名を超える参観者をお迎えしましたので、お軸のほかに、先生のお好きだった石を多く展示して見ていただきました。しかし、石に注目する人は誰一人なく、多種多様な蔵書の膨大さに驚嘆されていました。

とろろ汁

「のぶぞう（信三）さんはたいへんとろろ汁が好きでして、何杯もおかわりしましたよ。そりゃすでにその頃から神童と言われてましたよ」

これは半田市・岩滑の遠藤一二さんから伺ったお話です。

七十八歳、今北《いまきた》地区のあの廃屋に近い寓居《ぐうきょ》で、とろろ汁のすり鉢をすりこ木をもって手際よくすられる先生の名人芸はなかなか見事なものでした。すり鉢を持つ人、だし汁を入れる人、すりこ木を扱う人、三人がかりでやっとできあがりというしだいで、温かいご飯にぶっかけると、最高においしいものでした。

後日、元兵庫県知事であり作家である阪本勝先生を、森先生の今北地区の寓居にお迎えすることになり、五、六名の中に加えていただき、とろろ汁のご馳走にあやかることに相成りました。

その際、阪本先生は、「森先生は、まったく今北の聖人とお呼びすべきお方ですね。私は多年心の師を求めてきましたが、森先生こそ、私の師とすべきお方と思います」と仰言いました。

すると森先生が間髪を容《い》れず、ニコヤカに「たいへんありがたい仰せですが、私の今北せいじんは棲《す》む字の棲人《せいじん》ですから、お間違いなく」と即答されましたのは、さすがでございました。

後日、森先生はひそかに「阪本先生からいただいたあのときの言葉は、文化勲章を二つもらったよりも、私にとって嬉しいですよ」と、つぶやかれました。

これをきっかけに森先生は阪本勝先生と肝胆相照らす仲となり、後日、『阪本勝著作集』の刊行にご尽力なされることとなるのです。故人亡きあと、遺稿ならびに追悼録の出版に、私も非力をかえりみず協力するようになりましたのも、先生の真似事をさせていただいたのでした。

こぼれ梅

先生の嗜好《しこう》物についても、身近に接した者としてよく散見することができました。こぼれ梅と称するもので、酒の粕《かす》の一種で、甘酒の粕でしょうか、板状のものでなく、つまんで口にしておられました。阪急の清荒神《きよしこうじん》へお参りした帰り、こぼれ梅を発見しましたので買い求め、先生へのお土産といたしました。

また天下茶屋の老舗《しにせ》ねぼけ堂のごく小さなせんべいがお好きなようでした。また京都の八ツ橋もお好みに合うようで、京の生八ツ橋には格別のものがあったと言えます。それと同類のものに「おたべ」と称する商品が売り出されていますが、なんと下品な名称かとあきれておられました。

ついでに申しますが、「生きざま」というコトバを使う方がおられますが、「なんと下品な言葉で使いたくないですなあ」としばしば述懐しておられました。

話は一転して、「食」の慎しみについてお聴きしたことをぜひ記録しておきたいと思います。

夏休みを利用した「東北の旅」は毎年恒例の行事だったので、各地の同志が先生の来席を待ち受けて、連日のように酒宴が開かれ、ご馳走の饗応《きょうおう》にあずかることになりました。

先生は微酔の方ですから酒の面の心配はないのですが、夕食はご馳走過多の傾向になりがちですから、朝食はもちろん昼食はきわめて控えめにしておられました。朝は味噌汁を主とし、昼は、たとえば焼き芋一個半に徹せられて、連日連夜のご馳走攻めに対処されたようです。

かの著名なママさんバレーの監督が、意外にも予期せぬ短命に終わられたのも、連日の接待饗応が原因ではなかったろうかともつぶやいておられました。

長旅における「食の慎しみ」について、自ら厳守せられるものがありました。

第八章　二十一世紀の祈念

世界平和への祈念

○「そもそも今次の敗戦が、あのように原爆によってその局が結ばれたということが、おそらく世界の諸国民には、とうてい解しえないところでしょう。われわれは、いまや人類に対して永遠なる戦争放棄が、神によって宣言せられたかのごとき感慨をもって、かの広島および長崎における原爆の洗礼を受け取っているのです」

○「戦争こそは、いまやこの地上における最大の怪物であり、最も巨大な人類の罪悪と言うべきです。しかもこの巨大な超罪悪は、単なる虚妄《きょもう》のイリュージョンではなくて、ひとたびその発動が開始されれば、たちまちにして、幾千万という無量多の人命が、一瞬にして死の国へ追いやられる超巨大な罪悪であり、超犯罪なのです」

○「個人としては、一人の人間を殺すことさえ最大の罪悪たることを知悉《ちしつ》していながら、それが戦争という巨大な殺戮《さつりく》になると、その罪悪感の感度が一瞬にして低下し稀薄化するという事態こそ、まさに次代の悪魔の行使する最大の妖術と言ってよいでしょう」

このように森先生は、戦争の不思議さを力強く訴え、憂えておられます。

○

世界平和の祈りは万国万民共通の願いでありつつ、いまなお小ぜりあいや殺戮戦が行われるのは人間の持つ「業《ごう》」というのでしょうか。自国中心主義というか、国家我《が》というものが優先されるからでしょうか。

それにしても、自国防衛の原則は厳守すべきであるとともに、世界平和に貢献すべき立場にあるリーダー国の日本も、唯一の原爆体験国の使命として、戦争撲滅の重大さをもっと訴えねばならぬことでありましょう。

先生はそれを『幻の講話』の最終講で訴えておられます。

敗戦革命

私が何より先生に心魅せられるのは、短い言葉、たとえば四文字によって事実の真相を適確に、しかも独特に表現される特異な才をお持ちだからです。その一つとしてここに取り上げたいのは、「敗戦革命」という四文字です。

明治期の革命は明治維新と一般に呼ばれていますが、それに対して昭和二十年八月の敗戦による変革を先生は「敗戦革命」と規定し、明治維新との相違について次のように言及しておられます。

「明治維新の特徴の一つは、それが民族の主体性に立った変革だったのに対し、第二の開国とも言うべき敗戦を契機とする今次の変革は、まさに根本的に正逆と言えましょう。すなわち維新革命は、それが民族の主体性によるものだったとすれば、後者、すなわち今回の敗戦革命は、非主体的な変革どころか、占領軍による強制的なものだったと言えましょう」

日本では毎年八月十五日に終戦記念日を迎えるわけでありますが、外地で敗戦期の混乱を痛験された先生にとって、その日は生死をかけた深刻な一日であったことでしょう。

ソ連軍の侵入略奪、原地住民の態度一変、シベリア送還、抑留寸前でついに新京より脱出し奉天《ほうてん》に寄遇、以前の教え子の死を契機に奉天郊外の廃屋に身を寄せ、零下二十度、三十度の中、凍餓死まで覚悟されるに至られた様子は、ぜひ『森信三小伝』（致知出版社刊）を通してお読みいただきたいものと思います。

私は千葉県柏市の東亜外事専門学校に在学中に、昭和天皇の「終戦の詔勅《しょうちょく》」を講堂においてラジオを通して涙ながらに拝聴いたしました。いずれにいたしましても、沈痛極まりない一億国民の深刻なる体験でございました。

神ながらの道

森信三先生の著述に『日本文化論』と題する名著がございます。注目される方が少ないのですが、私は日本民族を解する上で不可欠の名著であると確信いたしております。

その中心をなす第一なるものは日本の島国性にあり、第二をなすものは固定の教学を持たぬ無限定性であると先生は仰言っています。また第三は四面海に囲まれ、山川草木《さんせんそうもく》、四季自然に恵まれているというところにあるのだ、と。

「その島国は、言わば変態的円と言うべく、円はおのずからその中心を希求する。これがわが国体の天皇制の存続につながる。

次に固定の教学を持たぬがゆえに、外来文化の摂取に意欲的でしかも容易になしうる。これが神《かん》ながらの特徴である。もっと言うなれば、神ながらとは、民族生命の原始無限流動を意味する」

これが儒教や仏教、そして西洋文明を摂取し、融合せしめた民族生命の特色を意味するとのご指摘です。

次に、日本民族の特質として美的感性に優れた民族たることは万人の認めるところですが、これは、ここに掲げた第三の特質に由来するものと言えるであろうと指摘されています。

以上、森信三先生の『日本文化論』のほんの概要に過ぎませんが、日本民族を解する上での三大要件と申せましょう。改めて、「神ながらとは、民族生命の原始無限流動」という言葉を反復唱和するほかございません。

これが外来文化を摂取・融合・発展せしめる根元であると指摘されています。それぞれの人生におきましても、「有構無構《ゆうこうむこう》」（構え有りて構え無し）「万理一空《ばんりいっくう》」（万里一空に帰する）をもって学び続けたいものです。この四文字は、どちらも宮本武蔵の言葉であります。

厳たり宇宙の大法

森先生は「宇宙の大法」という言葉をよく仰言いました。

その内容の一つは、「物盛んなれば必ず衰う」ということです。また平易な言葉で言えば「驕《おご》るものは久しからず」ということです。

第二の内容は「すべて物事は一長一短」ということです。これも「宇宙の大法」の一面です。科学的文明の発展により何かと便利になり、スピーディーになり、能率的になりました。ありがたいことですが、その反面、物質的繁栄のただ中に置かれますと、とかく心は緩みがちになり、直観的能力や感性的鋭敏性が衰退します。要するに、「両方いいことはない」ということです。

この二つの真理を、「易」では、「極陽は陰に転じ、極陰は陽に転じる」と申しております。また、「一陰一陽」という言葉で表現しています。

先生はこう仰言っています。

「私は三つの〝信〟を持っています。

第一にこの〝宇宙の大法〟の信頼です。

第二に、私は民族を信じています。これは日本民族に課せられた使命を信じています、と同時に自己に課せられた天命をも信じております。

第三に、世界の四聖ならびにそれに準じる方々、私が尊敬する先哲先人の教えを信じております。

私が安心して生きていけるのは、以上の三つの〝信〟による」

なるほど、森信三のお名前どおり、先生はまこと三つの信に生きられた方です。

私の勝手な解釈ですが、森とは木が三つ重なっております。木は気なりで、この三つとは、本気・根気・温気《うんき》です。先生の生涯を辿りますと、本気・根気・温気の一貫性・一体性を思わざるを得ません。

温気とは、温情であり、あたたかさであります。思い返せば、先生の慈心温情に支えられて、二十七年間、私ごとき凡愚《ぼんぐ》が師事できたとも申せます。

微差大差

この四文字は、かつて鍵山秀三郎先生からお聴きして忘れえぬ言葉となりました。

もちろん森信三先生からも「微差が勝敗を決する」と直接注意をお受けいたしました。

熊本の詩人であり、阿蘇の画家として知る人ぞ知る伊藤直臣《なおおみ》さんがお元気なころ、着物姿で飄然と大阪の地をお訪ねになりました。大阪読書会にも立ち寄られ、終了後、森先生とともに心斎橋通りを見学したのち、梅田の阪急改札口までお送りし、乗車券を買って差し上げたのですが、そのとき、「あなたも入場券を買い、電車に乗るまでお見送りなさい」と、私は森先生から厳しくたしなめられました。

そのころの私は、そこまで気が利かぬ愚か者でした。

見送りを済ませた私に、森先生は「物事は最後の一%が大事ですよ。一円足らなくても百円の切符が買えないごとく、百ボルトの電線も、一寸の差で線が離れておったら電気が通じないのと同じですよ」と、ねんごろに諭されました。

お客のお迎えやお見送りにおいても、細心の気配りが必要なことは申すまでもありません。「出迎え三歩、見送り七歩」とさえ言われております。それ以来、相手の姿が見えなくなるまでその場に立って見送ることにいたしております。

かつて俳優の大滝秀治さんに出演依頼をいたしました折、名古屋で鍵山秀三郎先生とお食事をともにし、お店の前でお別れいたしました。鍵山先生は、じっと直立不動、大滝さんの後ろ姿の見えなくなるまでお見送りなさっておられました。その姿に私は心打たれました。

またトイレ掃除において、最後の床の水の拭き取り法は独特の型があり、私の得意とするところですが、水のたまりの厚いときは濡れたタオルを二枚重ねるといいですよと教えられ、ナルホドと気づきました。

微差探求の気づきは至るところにあることを教えられました。

「一日一信」百日行

かつて禅寺の修行道場では、庭詰めの修行を経て初めて入門を許されるという習慣があったようです。たぶん現在でも行われているのではないかと思われます。庭詰めの修行とは、玄関の庭先で無言のまま三日三晩を過ごし、粗飯《そはん》をいただけても道場には上げてもらえず、決心堅固なるを確かめるための入門の決まりを指すようです。

われわれにとってその庭詰めの修行に相当するのは「一日一信」百日行《ひゃくにちぎょう》であると先生から教えられました。そして、先立つ決まりとして三条件があります。

(一) 送信先のお許しを得ること
(二) 一日一信、一日も休まないこと
(三) 相手先からの返信を期待せぬこと

――この三条件を守りさえすればいいのです。なおこの百信は複写ハガキにというのが望ましいことです。

私もこの「一日一信」の受取人として、いままで二十四、五人の方からハガキをいただきましたが、受取人としては三人までが限度であるのを痛感いたしました。いくら返信を期待せぬことを条件としてお約束しても、人情の常として、できるだけお返事を書くよう心がけるため、一日一信の受け付けは一日三人を限度としたいわけです。

さて、百日行でその成果を期待するのはとうていムリとはいうものの、その効果としては、第一として複写ハガキに慣れていただけるということ、第二として書く順序の習得につながるということ、第三はハガキの効能を少しは会得していただけることがあげられるのではないでしょうか。

「ハガキの活用」について、日常実践行の一つとして、おすすめくださった先生の親心の一端にも触れていただけたら何よりです。

現代は通信機器のますますの発展により、携帯電話は一人一台の時代ではありますが、それだけに「はがきの活用」の醍醐味《だいごみ》も味得《みとく》していただきたいものです。

下坐行のこと

そもそも「下坐行」とは下坐に立っての実践行を意味します。この実践は充分できていませんが、心引かれる言葉の一つです。

先生は「私の宗教はゴミ拾い宗とでも言えましょうか」と言われるほど、足元の紙屑を拾われました。神戸大学にお勤めの七年間は、就任の翌日から退官のその日まで、見つけた紙屑はすべて拾われました。しかも学生たちにただの一度も「紙屑は拾いなさい」とは言われなかったとのことです。

「廊下の紙屑というものは、それを見つけた人が拾ってやるまで、いつまでもそこに待っているものです。もっともこれは、紙屑を拾うように努めている人だけが知っている消息なんですが――。このように世の中には、実践しなければ分からない世界が限りなくあるようです」

と『修身教授録』の中でも仰言っています。

先生が南千里に住んでおられるころ、しばしばお宅をお訪ねすると、必ず決まって阪急の駅まで歩いて見送ってくださいました。歩いて片道十五分ほどの道のりです。その間いろいろとお話をいただきました。

そして駅では必ず帰りの切符とご自分の入場券を求められ、改札口に入られるや、直ちに身を屈《かが》めて駅階段の吸いガラを拾われるのです。

また駅ホームでも同じことです。その当時は吸いガラがよく捨てられておりました。まったく驚きと恐縮の至りでした。

その後、居を移し尼崎立花地区に住まれてからも、下坐行の一つとしてご近所の方々へ「只管あいさつ」に徹せられました。そのころのご年齢は七十七歳ほどで、奥様を亡くしご長男に先立たれ、いわば悲痛の極みとも言うべき境遇のさなかではなかったかと思われます。そうした中にありましても、下坐行を勤められていたのです。

未発之中

森先生は、「未発之中《みはつのちゅう》」という揮毫を残しておられます。黒板にもよく板書されました。これは中国古典の『中庸《ちゅうよう》』にある言葉で「喜怒哀楽の未だ発せざる、之《これ》を中と謂《い》い」という文章から取り上げられたものですが、「未発之中」とは何かについては何も説明をされませんでした。

あるとき、西村眞悟《しんご》さんのお宅で、森先生は、色紙に求められるまま「幻流」「幻門」「幻化」「幻入」「幻道」と、立て続けに書毫されました。そのときも、「幻」とは何かについて説明は一切されませんでした。「幻」について説明したらおしまいというのが先生のお考えですから、お尋ねもいたしませんでした。

この「未発之中」についても同様、説明を求めたとしたら、たぶんお叱りをいただくのみであったことでしょう。

説明したらおしまいで、各自が自分の力量相応に自証体認《じしょうたいにん》すべきである、やたら説明したり解釈したりせぬほうがいいというのが、先生の一貫した方針でした。

禅の修行においても公案が幾百とあると聴いておりますが、一切説明はされておりません。先生は「婆子焼庵」の公案について、八十歳を過ぎて、天のお情けによりやっと通過させていただいたと言われるだけでした。

道元の『正法眼蔵』の中にも、「自己を運びて修証《しゅしょう》するを迷いとなす。万法すみて自己を修証するを悟りとなす」とあります。あれこれ一応の解釈を施すことはできても、自証体認とはまた別物であるということなのでしょう。

先生は、自ら仏教にてよく言われる「無」や「空」についても一切説明はされませんでした。

ただ、「無」について述べられた自然農法の実践者福岡正信氏の著書の序文には、かなり肉薄し認識しておられます。それを拝読すると、生の絶対的根元としての「無」についての論説に賛同を惜しまれないようにお見受けいたしました。

姿なき身にはあれど――

森先生も最晩年において、いよいよの感を抱かれたようで、すべて書くべきものは書き残されたような安堵《あんど》感に到達されたようでした。ただしその後の「実践人」同志の活動について、注目すべきは全国に広がりつつある各地読書会の動向であるとし、これについて次の言葉を書き残されております。

「わが亡き後に、心通う同志の人々の、三名にても書を読まむ集いだにあらば、姿なき身にはあれど、希《こいねが》わくば予《よ》もまたその末席に列することを許されむことを――。これわが今生最後唯一の心願なり」

この一言に接するたびに、私どもは粛然たる思いに駆られるのです。私の関係する読書会では、常に先生の肖像写真を会場の主席に掲げ、また集合写真を撮るときはどなたかが掲げ持って、臨席賜っております。

いまもなお「先生は見てござる、聴いてござる」の感を禁じえません。

先生はかつて仰言いました。

「私の死後三十年たってなおかつ、私の著書が読まれるならば、望外の喜びで、文化勲章をいただくよりありがたいことです」

平成二十四年のご命日をもって、没後二十年を迎えようとしております。そして致知出版社より刊行の『修身教授録』はいよいよ三十五版を数えるに至っており、今後、歴史的名著としてますますその真価が認識されるでありましょう。否《いな》、それればかりか、続々と、その他の著述につきましても名著発掘の気運が高まりつつあると確信しております。

いまや日本列島も内外ともに多事多難の両面を迎えておりますが、いまこそ、日本民族に課せられた使命を自覚し、人間形成の基盤育成に尽力すべき重大な転換期であると思われてなりません。そうした面でいよいよ森信三先生の真価が改めて認識されるでありましょう。

あとがき

このたび致知出版社のご懇情により、森信三先生の随聞記とも言うべきものを出版頂くことになり、衷心《ちゅうしん》より感謝いたしております。

というのは、来る二月四日、立春の日に岸城読書会の三〇〇回記念大会が開催されますが、本書の同時発行は到底無理だとあきらめておりましたが、折角の機会だから間に合わせていただけるということで、たいへん恐縮かつ感謝であります。

私共は、一九八五年五月に岸城読書会を発足して以来、テキストは『修身教授録』を一貫して輪読して参りましたが、二十五年の歳月を経て、このたび三〇〇回という記念すべき日を迎えることが出来ました。

これはひとえにご縁につながる会員の皆様のご協力はもとよりのことですが、

やはりテキストの『修身教授録』の内容がすばらしく先生が今もなお生きていまして、その謦咳《けいがい》に接し迸《ほとばし》るその教育的情熱に触れる思いがいたします。

何といっても森信三先生の教えは、卓れた先見性、洞察性に基づき、人間としての「生き方」信條とも言うべきもので、具体的な実践に富み、かつ日常の着手点をご教示くださっているのは、何よりありがたい極みです。

一例をあげますと、先生の教えに基づき左記の通り日常実践の五カ条を掲げ、日々の努力目標としております。

あ――朝のあいさつ人より先に
す――すまいるステキ　而今《にこん》ニコニコ
こ――腰骨立てて　行動俊敏
そ――掃除に整頓　身心浄化
は――はがき一枚　ご縁の絆

この内、何か一つからでも行持《ぎょうじ》一貫したいものであります。
加えてまた本書から何か会得して頂けるものがあれば幸甚《こうじん》の至りです。

平成二十四年一月

寺田　一清

森信三

明治29年9月23日、愛知県知多郡武豊町に端山家の三男として生誕。両親不縁にして、3歳の時、半田市岩滑町の森家に養子として入籍。半田小学校高等科を経て名古屋第一師範に入学。その後、小学校教師を経て、広島高等師範に入学。在学中、生涯の師・西晋一郎氏に出会う。後に京都大学哲学科に進学し、西田幾多郎先生の教えに学ぶ。大学院を経て、天王寺師範の専任教諭になり、師範本科生の修身科を担当。後に旧満州の建国大学教授に赴任。50歳で敗戦。九死に一生を得て翌年帰国。幾多の辛酸を経て、58歳で神戸大学教育学部教授に就任し、65歳まで務めた。70歳にしてかねて念願の『全集』25巻の出版刊行に着手。同時に神戸海星女子学院大学教授に迎えられる。

77歳長男の急逝を機に、独居自炊の生活に入る。80歳にして『全一学』五部作の執筆に没頭。86歳の時脳血栓のため入院し、以後療養を続ける。89歳にして『続全集』8巻の完結。平成4年11月21日、97歳で逝去。(年齢は数え年)

編著者略歴

寺田一清（てらだ・いっせい）

昭和２年大阪府生まれ。旧制岸和田中学を卒業し、東亜外事専門学校に進むも病気のため中退。以後、家業の呉服商に従事。40年以来、森信三師に師事、著作の編集発行を担当する。社団法人「実践人の家」元常務理事。編著書に『森信三先生随聞記』『二宮尊徳一日一言』『森信三一日一語』『女性のための「修身教授録」』『家庭教育の心得21——母親のための人間学』『父親のための人間学』『10代のための人間学』『森信三小伝』（いずれも致知出版社）など多数。

森信三の生き方信條

平成二十四年二月二十日第一刷発行

著者　寺田一清

発行者　藤尾秀昭

発行所　致知出版社

〒150-0001東京都渋谷区神宮前四の二十四の九

TEL（〇三）三七九六—二一一一

印刷・製本　中央精版印刷

落丁・乱丁はお取替え致します。　（検印廃止）

ISBN978-4-88474-953-8 C0095

ホームページ　http://www.chichi.co.jp

Eメール　books@chichi.co.jp